前言

20世纪90年代以来，产能过剩问题就开始在我国传统制造业领域显现。自2008年美国次贷危机引发全球金融危机以来，中国产能过剩问题进一步恶化。中国产能过剩形势已经较为严峻，其变化可以概括为：从潜在阶段性的产能过剩转化为实际长期性的产能过剩；从低端的、局部性的产能过剩转变为高端的、全局性的产能过剩。2015年，我国工业企业产能综合利用率普遍低于80%，有的行业甚至低于70%，这属于绝对产能过剩，这种状况继续发展下去，势必会加剧市场的非良性竞争，增加企业破产数量，增加更多工人失业与银行不良资产，加剧能源与资源瓶颈约束，生态环境恶化等系列问题。直接危及产业的健康发展，乃至影响到民生的改善与社会稳定之大局，成为我国经济发展的障碍，是经济由“双高一资”的“旧常态”步入驱动力转换、速度换挡、结构优化的“新常态”必须解决的问题。2015年，中央经济工作会议提出了“三去一降一补”五大任务，其中“去产能”是首要的任务。2016年中央经济工作会议再次将“积极稳妥化解产能过剩”列为首要工作任务。我国经过几年的产能过剩治理，取得了一定的成效，但世界百年未有之大变局正在加速演变，新一轮科技革命和产业革命带来激烈竞争前所未有，在传统产能过剩未能完全解决的情况，如何避免新兴产业重复建设问题又摆在国人面前，因此，产能过剩已成为制约中国经济高质量发展的“痼疾”之一。产能过剩导致经济运行失衡、资源错配以及环境污染恶化等问题，成功解决产能过剩问题是新发展格局下中国经济高质量发展的关键。如何解决这一问题，政府、企业及学界都在发力，但方法不多、统筹不够、渠道不畅、视野大多局限于国内，因此，取得成效不够显著。从国际经验来看，推动产能国际转移，是发达国家消化过剩产能的共性规律。面对复杂的国际国内形势，研究我国如何通过对外直接投资来有效化解国内产能过剩问题，无疑具有重要理论价值与积极现实意义。

本书对传统对外直接投资与过剩产能国际转移的理论进行梳理，并结合新近国内外研究成果、国际产业转移理论与国际投资相关理论，分析了对外直接投资化解产能过剩的直接与间接作用机理。突破以往单从供给侧来测算产能过剩的指数，本书以包含供给侧和需求侧两端的产能过剩为研究对象，测算了中国31个省市区的产能过剩指数；并在梳理对外直接投资相关理论的基础上，研究了对外直接投资化解产能过剩效应的直接影响机制和间接影响机制（中介效应）。构建对外直接投资、创新投入、出口贸易和产能过剩指数之间的中介模型，得出了对外直接投资对产能过剩的影响存在直接效应与间接效应，并且直接影响效应大于间接影响效应的结论，不过对外直接投资通过研发投入影响产能过剩直接效应占绝对优势，而通过出口贸易影响产能过剩直接效应稍高于间接效应。这说明与市场寻求型对外直接投资相比，技术寻求型对外直接投资在化解过剩产能方面的作用未能更好发挥。这些对传统的对外直接投资理论与过剩产能国际转移理论进行了拓展，是在这个领域的创新研究。

在实践中，本书将化解产能过剩置于全球开放经济条件之下，如何通过对外直接投资来转移国内过剩产能。通过对中国产能过剩的特征与深层次成因分析，认为只依靠国内市场调节及政府干预来淘汰和重组不能完全解决产能过剩问题，积极借助对外直接投资有效化解产能过剩矛盾。解决本书出版受“应用经济学广西一流学科建设项目资助”

中国对外直接投资与化解过剩产能

曹秋菊　著

湘潭大学出版社
XIANGTAN UNIVERSITY PRESS

产能过剩问题应多管齐下，需要借鉴国际经验，针对不同类型、不同行业、不同规模企业的产能过剩，采取不同的治理策略。在需求方面，我们应该做“加法”和“除法”。所谓“加法”，是指采取刺激措施扩大内需；所谓“除法”方法，就是引导企业加快海外投资能力的转移，开拓国际市场。从供给侧治理过剩产能，除了要做好现有的“减法”外，还需要做好“乘法”。这里的“乘法”是指通过提高技术水平，促进产品差异化生产，从而促进产业转型升级。中国过剩产能行业通过对外直接投资的逆向技术溢出来提升我国产业整体技术水平和产品全球竞争力。经济新常态下要求对外直接投资不能一味追求规模的扩大，更应从投资效率和质量上来考量对外直接投资行为，对外直接投资的最终驱动因素应是追求更好的投资效益，使企业获得更好的产业发展机会，有效化解国内产能过剩。在充分认识经济新常态下中国对外直接投资面临国内外新形势的基础上，作者提出了中国对外直接投资化解产能过剩矛盾的对策建议。

在本书撰写过程中，学习和参阅了大量的中外文献资料，由于篇幅限制，未能一一标注，对此，谨向有关文献的作者深表歉意和由衷的谢意。由于作者学识和水平有限，书中不乏疏漏和不妥之处，恳请广大读者和专家不吝赐教。

本书的出版得到了“应用经济学广西一流学科建设项目资助”，在出版过程中得到了广西财经学院领导、同事及湘潭大学出版社的大力支持和帮助，我的硕士研究生李宁奇在数据资料收集和实证部分研究做了大量的工作，特别是夏露、张蔚、彭桃艳编辑，对待工作严谨求实、一丝不苟、耐心细致，为本书的出版付出了辛勤的汗水。在此，表示诚挚的感谢！

曹秋菊

2023 年 8 月

目　录

第1章 绪 论

1.1 研究背景与意义

1.1.1 研究背景

20 世纪 90 年代以来，产能过剩问题开始在我国传统制造业领域显现。自 2008 年美国次贷危机引发全球金融危机以来，中国的产能过剩问题进一步恶化。从各个方面的调查可以看出，中国的产能过剩形势已经十分严峻，其变化可以概括为：从潜在阶段性的产能过剩转化为实际长期性的产能过剩；从低端的、局部性的产能过剩转变为高端的、全局性的产能过剩。一方面，2009 年，为了应对全球金融危机对中国经济的负面影响，国家对基础设施等项目的投资达到 4 万亿人民币，为了刺激经济，国家又增加了 10 万亿元的资金信贷，主要用于发展煤炭、水泥、钢铁、平板玻璃、电解铝和化工等传统产业，这也加剧了这些传统产业的产能过剩。另一方面，由于金融危机的影响，中国的出口贸易一直在萎缩，出口的下降导致许多国内企业投资于国内新兴产业，从而出现对新兴产业的投资热潮，这也造成了自 2009 年以来新兴产业的低端产能过剩，特别是风能和太阳能设备，这两个发展不过十年的新兴产业，由轻微的产能过剩变成严重的产能过剩问题。产能过剩问题也受到政府越来越多关注，成为学者们研究的焦点。在 2012 年 12 月的中央经济工作会议上，提出了有关化解严重过剩产能问题的总体原则。接着国务院又于 2013 年 10 月发布了《关于化解产能严重过剩矛盾的指导意见》（国发〔2013〕41 号），意见指出：如果不及时采取措施化解产能过剩矛盾，势必会使市场恶性竞争加剧，导致经济出现波动，行业亏损面增大，企业员工失业，金融机构不良资产的增加，资源的严重浪费、生态环境的恶化等系列问题。这将直接危及产业健康有序的发展，甚至会不利于民生的改善和社会稳定。随着中国经济进入新常态，产能过剩问题日趋严重，从潜在的、局部阶段性的产能过剩转化为实际、全局长期性的产能过剩，这种严重的产能过剩可能使我国经济处于产业低端，陷入“中等收入陷阱”。

2015 年，中央经济工作会议提出了“三去一降一补”五大任务，其中“去产能”是首要的任务。2016 年中央经济工作会议再次将“积极稳妥化解产能过剩”列为首要工作任务。在中国经济进入速度换挡、结构优化、动力转换的“新常态”背景下，产能过剩问题也呈现出新的态势，变得越来越严重并呈现一些新变化，从而越来越受到中央政府和国家领导人的重视。政府强调，去产能不仅要着眼于国内市场，还要放眼国际市场，积极拓展向外发展空间，进一步化解国内产能过剩；中国国家主席习近平同志多次就产能过剩问题发表重要评论，指出消化过剩产能的出路是有序向境外转移。2008 年金融危机以来，中国对外直接投资快速增长。2012 年，中国对外直接投资规模超过英国，成为世界第三大对外直接投资国。2013 年，中国对外直接投资首次突破1 000亿美元。2014 年，中国对外直接投资流量超过了日本，成为仅次于美国的全球第二大投资国。此外，2014 年 4 月 8 日，国家发展和改革委员会修订出台了《境外投资项目核准和备案管理办法》；2014 年 9 月，中华人民共和国商务部又修订出台了《境外投资管理办法》。这两个管理办法的颁布与实施，境外投资项目的审批权限得到大大的放宽，建立了“备案为主、核准为辅”境外投资的管理模式，极大地促进了中国对外直接投资的发展。此外，发达国家的经验也告诉我们，对外直接投资有利于转移国内过剩产能。2015

年，在全球外国直接投资流出流量1.47万亿美元（较上年增长11.8%）的背景下，中国对外直接投资流量创下新的历史纪录，达1 456.70亿美元，同比增长18.30%，成为超过日本的全球第二大对外直接投资国；中国对外直接投资流量全球第二，占比首次超过10%，连续两年实现双向直接投资项下资本净输出。2016年，在全球外国直接投资流出流量1.45万亿美元（较上年下降2%）的背景下，中国对外直接投资流量创下了1 961.5亿美元的历史新高，同比增长34.7%，占全球比例达到13.5%。对外直接投资流量首次出现负增长，规模位居全球第三。2017年中国对外直接投资流量为1 582.90亿美元，同比下降了19.3%。中国仍为历史第二高位（仅次于2016年），占全球比重连续两年超过10%，中国对外直接投资在全球外商直接投资中的影响力不断扩大；中国对外直接投资流量规模仅次于美国（3 422.7亿美元）和日本（1 604.5亿美元），位居全球第三，较上年下降一位。从双向投资情况看，中国对外直接投资流量已连续三年高于利用外资。2018年，中国对外直接投资流量为1 430.40亿美元，同比下降了9.60%。在世界对外直接投资流出总额同比减少29%，略低于日本（1 431.6亿美元）。2019年中国对外直接投资流量为1 369.1亿美元，位列全球第二大对外直接投资国。2019年末，中国对外直接投资存量达2.2万亿美元，是2002年末存量的73.5倍，在全球分国家地区的对外直接投资存量排名由第25位升至第3位，仅次于美国和荷兰。2020年中国对外直接投资流量为1 537.1亿美元，位列全球第一大对外直接投资国。2020年末，中国对外直接投资存量达2.6万亿美元，在全球分国家地区的对外直接投资存量排名第3位，仅次于美国和荷兰。

1.1.2 研究意义

2015年，我国工业企业产能综合利用率普遍低于80%，有的行业甚至低于70%，这属于绝对产能过剩，这种状况继续发展下去，势必会加剧市场的恶性竞争，企业破产增加，更多工人的失业与银行不良资产的增加，能源与资源瓶颈约束的加剧，生态环境的恶化等系列问题，直接危及产业的健康发展，乃至影响民生的改善与社会稳定之大局，成为我国经济发展的障碍，是经济新常态下一个必须解决的问题。如何解决这一问题，政府、企业及学界都在发力，但方法不多、统筹不够、渠道不畅、视野大多局限于国内。因此，以上取得成效不够显著。从国际经验来看，推动产能国际转移，是发达国家消化过剩产能的共性规律。面对复杂的国际国内形势，我国研究如何通过对外直接投资来有效化解国内产能过剩问题，无疑具有重要理论价值与积极现实意义。

理论意义：本书吸收了产业经济学理论、国际投资理论、国际经济学理论的相关研究成果，深入探究对外直接投资带动母国产业升级与转移过剩产能进而实现经济可持续发展问题，有助于丰富产业经济学理论和国际投资理论。

现实意义：近年来，中国抓住全球产业结构调整与世界主要国家经济发展低迷的机遇，积极实施“走出去”战略，伴随着政府推进“一带一路”建设，我国对外直接投资取得了令世人瞩目的成绩。但是，目前我国对外直接投资带有随意性、缺乏规制，呈现粗放性、低效益、高成本，区位分布、产业结构、投资主体与方式等方面存在一定程度的不合理性，对外直接投资质量有待进一步提高。我国在不断接受外来产业转移过程中，国内产业结构升级的压力增大。从发达国家成功经验来看，通过对外直接投资以实施产业的国际转移是促进产业结构升级、消化过剩产能、缓解资源短缺的有效途径。所以，探索新常态下对外直接投资化解产能过剩的机理与路径，对我国对外直接投资的技术创新效应与出口贸易创造效应及其有效化解产能过剩进行系统研究，为政府相关部门和对外直接投资企业提供理论和决策参考。

1.2 国内外研究动态

本书的主要研究目标是在已有研究成果的基础上，开拓创新，深入探究中国产能过剩的特征、深层次成因，分析对外直接投资转移国内过剩产能的机理，抓住国家“一带一路”建设机遇，寻找一条新常态下通过对外直接投资化解产能过剩矛盾的路径，以为政府相关部门和对外投资企业提供理论和决策参考。

1.2.1　关于产能过剩的国内外研究动态

国内外学者从不同视角对产能过剩问题进行了研究，主要包括以下四个方面的内容：产能过剩的内涵、产能过剩的成因、产能过剩的测算及产能过剩的治理。

针对产能过剩（Excess Capacity or Overcapacity）的内涵，学术界没有统一的标准。如：Chamberlin（1933）、Kamien 和 Schwartz（1972）、Kirkley 等（2002）、江飞涛和曹建海（2009）基于微观视角研究，认为在市场垄断竞争状态下，平均成本（AC）高于边际成本（MC）的情形，即为产能过剩。Paine（1936）和 Cassell 等（1937）、王岳平（2006）基于宏观层面研究，将产能过剩内涵界定为实际产出与潜在产出之间存在的差异，即潜在产出大于实际产出；汤伦（2017）则将产能过剩定义为在市场经济运行的周期性波动过程中，产品的生产能力在很大程度上超过了有效需求能力的一种现象。Fare 等（1989）、周劲（2007）基于中观层面视角，将产能过剩定义为一个行业产品供给过剩，或者说是生产能力的过剩。夏飞龙（2018）对国内外关于产能过剩的概念进行了梳理，认为国内外对产能过剩的概念根据研究对象的不同而存在差异，但相互之间可以借鉴。事实上，产能过剩概念的差异并不会妨碍中国学者借鉴国外学者的相关研究成果，概念的差异是源于这样的认识：除了市场失灵因素外，我国更重要的是体制原因导致的产能过剩。张珊珊（2019）认为“产能过剩”是在“扭曲”的市场和制度当中所表现出来的症状。一般关于“产能过剩”是指经济学意义上的产能。国外学者一般用产能利用率对产能过剩进行界定，因为该指标能较好地反映产能过剩的程度，对市场需求的反应也比较敏感，能比较真实地反映出随市场变化的产能利用状况。本书研究的产能过剩，既包含供给端和需求端的产能过剩，又包含产品与生产能力的产能过剩。

国内外学者从不同的视角对导致产能过剩的原因进行了探究，归纳他们的研究成果发现主要源于市场和政府两个层面的原因。市场方面原因的研究：Chamberlin（1933）垄断竞争市场、Wenders（1971）寡头垄断竞争市场等都会对产能过剩造成不同程度的影响。Spence（1977）、Primeaux（1978）、Hilke（1984）企业进入市场的自由程度与产能过剩之间存在负相关关系。吕政和曹建海（2000）、牛桂敏（2001）、杨蕙馨（2004）及周枝田和夏洪胜（2006）等认为当某一行业的利润上升，将会吸引其他厂商进入该行业。但是，企业进入某一行业的成本很低，可要退出该行业的成本却较高，从而使得企业无法在经济低迷时及时退出该行业，导致库存增加、利润下降及产能过剩等问题。路楠林（2007）认为厂商之间存在激烈的竞争，而应对竞争的策略与厂商所处市场结构条件密切相关，并从竞争程度、进入壁垒、市场差异化程度等几个市场结构重要因素对产能过剩原因做出回归分析，发现在制造业行业间不存在连续的线性规律。巴曙松（2006）、文常明（2010）认为企业保持一定程度富余的产能以应对突如其来的需求增长，因此，当该行业市场趋于饱和往往容易出现产能过剩问题。陆正华和黄文瑜（2017）认为市场环境与产能过剩之间存在负相关关系。当市场环境相对落后的情况下，非市场因素会帮助企业获得债务融资，从而扩大企业对过剩产能的投资，这样导致产能过剩问题。政府方面的原因研究：

第一，官员晋升动机与地方过度投资。魏后凯（2001）、曹建海（2002）认为在中国目前的官员晋升制度下，官员在职期间的晋升与地方政绩密不可分，导致地方政府在追求政绩的过程中忽视投资效率，导致重复投资和产能过剩。陈玲（2004）认为地区之间的激烈竞争会引发区域间产业结构的“同构化”，使得重复建设和产能过剩问题变得尤为突出。周黎安（2004）认为每个地方政府都是一个以自我发展目标为中心的经济体，为了实现自身的利益，往往忽视整体利益，政府宏观调控的作用难以体现。基于以下观点：中国各级政府所做的事情非常相近，上级政府可以考核下级政府的绩效，进而决定官员的任命，导致跨地区政府之间的合作微乎其微，“零和博弈”的竞争成为常态；而在现行体制下，地方政府拥有土地征用、信贷资源配置和各项产业优惠政策等影响和控制本地区经济发展的重要资源。闻潜（2006）认为中国自改革开放以来就形成了一种依赖于投资拉动的粗放型经济增长模式，一方面，这种做法非常容易导致过度投资和重复建设；另一方面，它会忽视国内消费对经济增长的作用，一旦外部需求萎靡，会导致产能过剩问题变得愈发严重。

第二，政府干预企业投资扭曲市场机制作用。耿强（2011）认为地方政府的政策性补贴扭曲了要素市场价格，压低了投资成本，造成了产能过剩，并成为中国经济波动的主要影响因素。杨振（2013）指出政府干预和产业政策对微观企业市场准入和退出决策的激励扭曲可能是造成当前产能过剩的主要成因。杨振（2017）进一步研究认为阻碍市场资源配置功能的政府干预，尤其是旨在促进特定产业发展的产业政策，可能是产能过剩出现的重要原因，其作用机制是扭曲了企业的投资和退出决策，使得企业受到不合意的激励。王立国和高越青（2014）、罗弘毅（2017）、孔婷婷和扈文秀（2017）认为中国财税体制具有“生产型”的特点。为了获得稳定的财税收入，一旦企业出现亏损，政府会出台政策性补贴，防止生产性落后产能和过剩产能退出市场。张亚斌、朱虹和范子杰（2018）结合我国特有的制度环境和信息不对称的市场环境，建立了两期不完全信息的动态博弈模型，探索地方补贴性竞争对中国产能过剩影响的新机制。研究发现：在信息不对称的市场环境下，地方补贴性竞争导致的产能过剩率长期大于正常产能过剩率；企业所获补贴越多，行业爆发产能过剩的可能性越高。孙国锋、赵敏和王渊等（2018）分析了地方政府干预造成产能过剩的传输机制，并利用地理距离矩阵、经济距离矩阵和引力模型矩阵下的SDM模型实证研究了我国地方政府干预行为对产能过剩产生的空间外溢效应影响。结果表明，地方政府干预不仅会制约本地区产能利用率的提高，还阻碍相邻地区产能利用率的提升，产能过剩程度的加重。其中，税收竞争和环境纵容程度对周边地区产能过剩的影响大于对本地区产能过剩的影响，表明地方政府之间存在模仿、跟风甚至攀比现象。最终，其干预行为通过空间外溢效应加重邻近地区产能过剩程度。鞠蕾和王璐（2018）基于2004—2014年中国28个省份的面板数据，探索了地方政府不当竞争影响战略性新兴产业产能过剩的路径及其传导机制，并考察了要素市场扭曲的中介效应。其结果显示：地方政府不当竞争造成了要素市场扭曲，要素市场扭曲主要通过财政支持和污染纵容体现，两者均加剧了战略性新兴产业产能过剩，且财政支持的作用效果最为明显。刘奕、林轶琼（2018）运用中介效应模型对地方政府补贴、资本价格扭曲与产能过剩的关系进行了研究，得出的结果是地方政府补贴直接推动了LED行业产能过剩的形成，资本价格扭曲是地方政府补贴作用于产能过剩的中介变量；地方政府对LED企业的金融支持也是推动产能过剩的重要因素；市场需求环境会对地方政府补贴与产能过剩的关系产生一定的调节作用。徐齐利、聂新伟和范合君（2019）认为政府补贴导致行业产能过剩，通过建立博弈模型，从短期不稳定均衡和长期稳定均衡的角度，依次分析了生产补贴、投产补贴与购置补贴等三种政府补贴模式导致的行业产能过剩的内在机制。理论分析发现：短期内，补贴激起在位企业的产能扩张并不引致行业产能过剩；从长期来看，只要补贴强度足够高，足以激发新企业进入，行业就会出现产能过剩，而且补贴强度越大，行业产能过剩就越严重。补贴导致的行业产能过剩其实是现有老企业的产能过剩，后续进入的新企业则产能适度。在不同补贴强度下，投产补贴比生产补贴和购置补贴在引发行业产能过剩方面更脆弱，但在相同的补贴强度下，后者比前者更容易导致行业的产能过剩。陈俊龙、李良哲和朱婧（2019）政府行为与产能过剩的形成密切相关，也是治理产能过剩的关键，有必要探索科学合理的政府行为模式，将政府行为细化为政府的国有产权所有者行为、软预算约束和产业政策，从理论上揭示其对产能过剩的影响机理。此外，从金融视角来研究产能过剩的原因，陈晓珊和刘洪铎（2016）金融发展规模与国有企业产能利用率显著负相关，金融发展规模扩大会导致更严重的产能过剩现象。钱爱民和付东（2017）在中国金融抑制和地区金融生态环境差异化的背景下，金融资源配置与产能利用率负相关，与产能过剩概率正相关。张德刚和蒋艳（2017）以2009—2014年制造业上市公司为样本，从微观企业层面对投资扩张在银行信贷与产能过剩之间的中介作用进行实证研究。研究结果表明，银行信贷总体上会加剧产能过剩，而企业的投资扩张行为在这两者之间起到了一定的中介作用。张亚斌、熊雅澜和李轩（2019）认为优惠信贷的安排、优惠的土地政策及宽松财务预算限制，在推高企业杠杆率的同时，也加剧了工业产能过剩，并采用数据包络法测算了中国2000—2014年36个行业产能过剩指数，并通过系统GMM（高斯混合）模型对杠杆率对中国工业产能过剩的影响进行实证分析。研究结果表明，中国工业产能过剩是周期性和整体性，杠杆率显著加剧了中国工业产能过剩，“去杠杆”的政策对产能过剩效果治理效果是良好的，杠杆率对产能过剩存在正向中介创新效应，然而该效应不但未能明显缓解产能过剩作用，反而还产生了一定的恶化效应。

关于产能过剩测度的方法，国内外学者尚未形成统一的评价标准与体系。目前学者们常常运用的测度方法有峰值法、成本函数法、生产函数法、生产前沿面法（包括：随机参数生产前沿面法和非参数生产前沿面的数据包络分析法）及协整法。

（1）峰值法。峰值法的开创者美国宾夕法尼亚大学沃顿工商学院Klein（1960）指出，产能产出是在不变的资本和技术条件下，某个经济体一段时间内所能达到的最大的产量规模。根据Klein的解释，其在测度产能利用率时，假设产量达到最大的产量规模即峰值时的产能利用率为100%，而其他时期的产能利用率则是根据峰值的产出类推得到。Klein最早采用峰值法来估计美国工业的设备利用率。由于这种方法操作简单且对数据要求不高，曾被国内外学者广泛引用。Kirkley和Squires（1999）两位学者进一步论证了峰值法的原理与优点；此外，Phillips（1963）、Frank（1968）和Hsu（2003）等学者利用峰值法测算了美国捕鱼业的产能利用率。由于峰值法的准确度较低，其在国内应用范围有限，沈利生（1999）和熊思觅（2011）采用峰值法分别对中国资本设备利用率和制造业的产能利用率进行了测算，其中熊思觅选取了制造业的26个行业2003—2009年的年度数据为样本，首先利用峰值法分别计算出制造业的26个行业的产能利用率，分别建立面板数据回归模型以及向量自回归模型对产能利用率与通货膨胀率的关系进行实证检验。峰值法的优点是，只要知道单投入和单产出的数据信息，就可求出产能利用水平。但其不足之处是，仅将技术变革作为导致比率变化的唯一因素，而忽略了经济结构和资本变化对产出的影响，从而低估了产能利用水平，导致测算结果的非客观性和科学性。

（2）成本函数法。该测度方法最早是由 Paine（1936）与 Cassels（1937）提出来的，后来被 Hickman（1964）、Morrison（1985）、Segerson 和 Squires（1990）、Lazkano（2008）等广泛运用于不同行业的产能利用率的测算。中国国内主要有孙巍（2009）、韩高国与高铁梅等（2011）、吕品与李超超（2016）等学者运用成本函数法，分别测算了中国的制造业产能利用率与资本设备利用率，得出我国制造业存在严重的产能过剩问题的结论。杨震宇（2016）运用可变成本函数估算方法，对中国战略型新兴产业产能利用率进行了测算，结论是其整体产能利率率仅为 61.28%。潘富荣（2017）运用成本函数法，分别从经济增长、经济结构、生产要素价格的扭曲以及政府行为因素方面，分析省际宏观经济的产能过剩，即利用面板模型——广义矩估计法（GMM），测度了中国 1993—2014 年间 31 个省、自治区、市工业领域的产能利用率。夏飞龙（2018）运用 1996—2015 年我国制造业面板数据和超越对数成本函数对我国制造业分行业的产能利用率进行测算。成本函数法的优点在于有坚实的微观基础，同时综合考虑了要素成本变化与市场需求对产能的影响，测算的结果更令人信服。但是，该方法需要大量的变量、方程和数据来支持，其推导和计算非常复杂，测量结果容易出现偏差。此外，该方法还面临着确定成本函数形式及划分投入要素类型等挑战。如果忽略行业的异质性，模型的外生假设将无法得到满足，估计结果将会有偏倚。

（3）生产函数法。该方法由 Klein 和 Preston（1967）率先提出，认为通过设定生产函数，可求出潜在产出作为产能，进而求得产能利用率。Artus（1977）利用生产函数法，测算了 1955—1978 年 8 个工业化国家的产能利用率。王辉和张月友（2015）利用生产函数法测算了中国光伏产业 58 家上市公司的产能利用率，考察中国战略型新兴产业的产能过剩程度、成因与化解路径。李瑞杰（2017）利用柯布—道格拉斯生产函数，以工业总产值作为被解释变量、资本和劳动作为解释变量，并考虑资本和劳动的空间溢出效应，采用空间面板计量经济学模型来测算我国 31 省、自治区、直辖市产能利用率。生产函数法的优点如下：以新古典增长理论为基础，只需要资本、劳动和产出三个变量的数据，操作相对容易，可以消除行业之间的差异。每个参数都具有特定的经济意义，可以用来解释资本、劳动力和技术的贡献率。它也可以用来衡量经济结构，分析其变化，从而预测与判断经济情况。然而，其缺点也很明显，需要给定一个具体的生产函数，而此生产函数并不具备坚实的经济理论和现实基础。同时，该方法的应用还面临三个挑战：第一，如何确定生产函数的形式；第二，要区分投入要素的种类和类型；第三，怎样识别技术效率和统计噪声。蔡勤城（2018）利用修正的生产函数对山西省煤炭产能过剩水平进行了测算。

（4）随机参数生产前沿分析法（SFA）与非参数生产前沿面的数据包络分析法（DEA）。随机参数生产前沿面分析法最先由 Aigner D J 等（1977）提出，而非参数生产前沿面的数据包络分析法最早由 Fare 等（1989）提出，之后这两种方法被 Bruno 和 Kerstens（2000）、Kirkley 等（2002）、Lindebo 等（2007）、Bye 等（2009）、Karagiannis（2013）等广泛应用于各领域产能利用率的测算。其中，Kirkley（2002）比较分析了随机前沿面方法与数据包络方法，并分别利用这两种方法测算了美国北大西洋渔业的产能利用率。国内学者孙巍和何彬等（2008）、杨艳靓（2013）、杨振兵和张诚（2015）、谢洪军和张慧等（2015）、李铁伦和余东华（2016）等分别运用生产前沿面方法中的 SFA 方法与 DEA 方法对中国制造业和整个工业部门的产能利用率进行了测算。张少华和蒋伟杰（2017）用动态方法测度我国平均产能利用率为60.68%，确实存在产能过剩问题，并具有明显的顺周期特征。唐志军和庞景景（2019）利用经 SFA 调整的 DEA 法测算了 2006—2016 年在不同所有制下我国工业中 34 种行业的产能利用率。

（5）协整法。该方法由 Shaikh 等（2004）提出，它的基本假设是：如果某一行业的产出与资本存量之间存在协整关系，则该行业潜在的产出（即产能）与其资本存量之间会存在长期的平稳关系。因此，其通过资本存量近似测算潜在产出水平。协整法的优点在于对数据的要求不高，只需要产出和资本存量两个统计数据，但需要注意的是对资本存量数据的精确度要求较高。缺点在于此方法主要刻画的是产能利用率的周期性变化，忽略了对非周期因素的影响。李双燕和苗进（2018）基于1999—2014年的省级面板数据，采用协整法对我国30个省级的产能利用率进行了测算，发现产能利用率下降趋势明显。鲍小雨（2018）利用协整的方法测算了安徽省2007—2016年钢铁行业整体的产能过剩程度和细分行业产能过剩程度。邓忠奇和刘美麟和庞瑞芝（2018）采用协整法来测度中国钢铁行业产能利用率。

有关产能过剩问题的治理措施，学者们主要基于国内与国际两种视角提出建议。苏剑（2010）、张新海（2010）、江飞涛等（2012）、杨振（2013）、秦玄（2014）、王辉和张月友（2015）、何维达和潘峥嵘（2015）、张杰（2015）、马军和窦超（2017）、白雪洁和闫文凯（2017）、陈俊龙和牛月（2018）等基于国内视角的研究，从政治经济体制机制改革、国家宏观政策调控与充分发挥市场机制作用、增加科技与创新投入以提升产业结构等方面提出了对策建议。其中，王辉和张月友（2015）认为化解中国新兴产业的产能过剩，有必要迅速启动内需，构建“市场发挥决定性作用和更好发挥政府作用”的新兴产业产能过剩治理机制，走“四个一批”地化解路径。陈俊龙和牛月（2018）构建双寡头垄断模型，运用动态序贯博弈考察市场不确定性带来的内外部负面冲击对企业产能过剩的影响，并考察旨在追求社会福利最大化的政府产能规制的效果。研究结果表明：内外部市场负面冲击加剧了产能过剩；政府的产能规制未必会完全消除产能过剩，甚至产能过剩程度高于企业自主决策时的情况；去产能需要将市场、政府和企业等各方因素有机地结合在一起。提出需要完善市场经济，减少市场的不确定性；苦练内功，大力推进产品转型升级；转变政府职能，进行合理产能规制等对策建议。杨振兵（2018）认为在目前中国市场化逐步深化的过程中，政府理应更加充分地发挥其重要的“辅助作用”，以遏制日益严重的产能过剩问题，并及时公布产业信息以防止过度投资。赵国华和陈岩（2015）、李新创（2015）、郑蕾和刘志高（2015）、陈晓珊和刘洪铎（2016）、刘瑞和高峰（2016）、闫磊和秦浩等（2016）、刘航和孙早（2017）等认为随着我国经济步入新常态，国内市场趋向饱和，仅仅依靠国内市场和国家相关政策措施不可能完全化解产能过剩矛盾，需要结合“走出去”战略和“一带一路”建设，通过国际市场来消化国内部分过剩产能。张林（2016）认为要治理中国式产能过剩问题，必须在市场经济条件和整个供给侧结构性改革的大背景下，融合市场调节机制和政府宏观调控作用，重视和加强供给侧管理，从供给侧寻找原因与解决办法。而通过供给侧的改革化解过剩产能的关键取乎于调整与减少政府的干预，充分挖掘市场在资源配置中起决定性调节机制的作用。这就要求加快改革中国地方官员政绩考核与晋升选择制度，加快改革要素市场、消除要素市场扭曲，加快产业政策的调整优化与改革国有企业所有制。同时，还要适度激发国内的有效需求，鼓励和支持企业到境外投资，从供给端和需求端同时发力，共化解对产能过剩矛盾。

1.2.2 对外直接投资与产能过剩关系的国内外研究动态

从国外研究来看：

（1）早期的宏观国际投资理论。主要包括：Kiyoshi Kojima（小岛清，1977）的“边际产业扩张论”、Dunning J H（1981）的“投资发展周期理论”、Wells L J（威尔斯，1983）的“小规模技术优势理论”、Cantwell J A 和 Tolentino P E（坎特威尔和托兰惕诺，1990）的“技术创新产业升级理论”等，这些理论都直接或间接地涉及对外直接投资（OFDI）与投资国产业结构升级、过剩产能向国外转移的关系。

（2）近期国外的多视角研究。Andrew B. Bernard（安德鲁·B·伯纳德，2002），Markusen（马库森，1997），Markuen and Maskus（马库恩和马库斯，2001）等从技术溢出角度阐述了对外直接投资的产业转移；Gary A. S. Cook，Naresh R. Pandit，Hans Lööf，Börje Johansson（加里·A·S·库克，纳雷什·R·潘迪特，汉斯卢夫，博尔杰·约翰逊，2012）分析了产业的地理集群优势是成功国际化的基础；Ramasamy B，Yeung M，Laforet S（罗玛萨米 B，杨阳 M，拉福雷特 S，2012）研究了中国国有企业和民营企业对外直接投资的区位选择，发现国有企业选择资源丰富和有政治风险的国家进行投资，而民营企业对外投资更多是市场寻求型；Baomin Dong and Guixia Guo（2013），Chiara Franco（2013）等通过对外直接投资与出口贸易之间的关系来阐述产业转移对投资国产业结构调整与经济发展的影响；Stoian C（2013）运用 20 个中东欧国家的面板数据研究了投资国国内制度因素影响对外直接投资的重要性影响；Chung S（2014）研究了环境规制如何影响对外直接投资的产业转移模式。Yong-hua Wang，Guo-liang Luo，Yi-wei Guo（王永华，罗国亮，郭一伟，2014）认为由于受美国金融危机和欧洲债务危机的影响，中国光伏产品市场需求萎缩，致使光伏产业产能严重过剩。然而，由于发展不足和激励机制不协调，国内光伏市场在短期内可能无法获得明显转变。因此，解决产能过剩问题需要很长时间。

国内学者关于对外直接投资（OFDI）的研究很多，将“对外直接投资或OFDI”设置为篇名在知网中进行搜索后，一共出现了 15 200 余篇文章，2015 年之后每年的文章超过 800 多篇，其中 2020 年达 980 多篇。赵蓓文（2015）、孟醒和董有德（2015）、陈兆源（2016）、张亚斌（2016）、刘再起和王阳（2016）、杨娇辉和王伟等（2016）、马妍妍和王世进（2017）认为投资区位的选择是每个企业在开展对外直接投资之前必须慎重考虑问题，影响企业进行对外直接投资的十分重要因素主要包括企业的投资动机、东道国的政治环境与东道国市场规模、经济对外开放程度与政治经济风险等；姚战琪（2016）、曹秋菊和李宁奇（2017）认为在对“一带一路”沿线投资的区位选择上，受到东道国政治环境、政府效率、劳动力富裕程度、GDP 等因素的正向影响，受到法律、监管力度等因素的负向影响。一般认为影响中国企业是否对某一国家进行投资，或者说投资规模大小的重要因素是对外直接投资风险大小，方英和池建宇（2015）、张艳辉和杜念茹等（2016）重点研究了东道国政治风险对企业对外直接投资的影响。研究结果表明，一国企业的对外直接投资在很大程度上受到东道国政府稳定性和拒绝腐败程度的影响，潘镇和金中坤（2015）的研究结果与持有上述相同的观点。蒋冠宏（2015）通过对 2003—2013 年间我国对 117 个国家的直接投资数据的分析，发现中国企业倾向于选择制度风险较大的国家进行投资，而这些国家大多与中国有着良好的政治关系。崔娜和柳春等（2017）针对“一带一路”沿线的投资风险，通过分析 2006—2014 年我国企业对“一带一路”沿线的投资数据，发现投资风险与东道国产权制度、政治稳定性和对外开放程度呈负相关，贺宁华（2016）也有与之相同的观点。郭建宏（2017）认为东道国政治风险与恐怖袭击、社会文化风险与保护主义等都会对企业的对外直接投资产生较大的影响。对外直接投资目的之一是技术寻求型的对外直接投资，通过对外直接投资是否会产生逆向技术溢出效应呢？宋勇超（2015）、李燕和李应博（2015）、吴哲和范彦成（2015）、陈强和刘海峰等（2016）、叶娇和赵云鹏（2016）、梁文化和刘宏（2017）等通过构建理论模型，并利用省际数据进行了验证，发现对外直接投资在各个省域都会产生技术溢出效应；吴书胜和李斌（2015）也持上述相同观点，并认为对外直接投资产生的技术溢出效应呈现非线性；尹东东和张建清（2016）却认为目前中国OFDI的技术溢出效应尚未显现出来，而国内GDP发展水平、研发投入和人力资本等因素都有助于OFDI实现技术溢出效应。关于对外直接投资能否影响国内产业结构的调整的研究，白枚和刘新宇（2014）、陈建奇（2014）、周荣敏（2015）、于世海和陈光春（2015）、陈琳和朱明瑞（2015）、贾妮莎和申晨（2016）等对这一问题进行了研究。其中，陈琳和朱明瑞（2015）利用2003—2012年间的省域面板数据验证了中国对外直接投资与产业调整之间存在的是一种正向相关关系，即中国对外直接投资对投资国具有产业结构升级效应。对于上述观点，王丽和张岩（2016）也与上述观点一致，并提出当对外直接投资每增加1%，国内产业水平层次上升0.02%。许立伟和王跃生（2019）运用门限回归模型，利用中国省际面板数据，检验对外直接投资对母国（地区）产业结构升级的效果，结果表明：对外直接投资整体来说对我国产业结构升级具有促进作用，但作用效果在不同地区存在差异。对外直接投资对产业结构升级的促进效果基于人力资本、研发资本存量、经济规模因素存在单一门限效应，即当人力资本、研发资本存量、地区经济规模低于门限值时，OFDI对当地产业结构优化的促进作用较小或不显著；上述因素跨越门限值后，促进作用显著且促进效果增长。

学者们一直注重研究对外直接投资与出口贸易之间的相互关系，如林志帆（2016）、呙小明和黄森（2017）、唐礼智和章志华（2015）等学者们对其进行的相关研究。其中，唐礼智和章志华（2015）采用空间面板模型，验证了对外直接投资会促进出口贸易的发展。乔晶和胡兵（2015）基于上述学者们的研究，提出商贸流通服务型对外直接投资的推动效应尤其显著；刘薇和李冉（2018）通过面板数据进行实证分析，得出的结论是中国对“一带一路”沿线国家的对外直接投资均能促进出口，且资源寻求型和效率寻求型的对外直接投资具有较强的出口贸易创造效应，而市场寻求型与战略配置型的出口贸易创造效应相对较小；顾雪松和韩立岩（2016）在与上述观点相一致的基础上，提出了中国与东道国产业结构差异越大，出口创造效应越强的观点。

有关RCEP（区域全面经济伙伴关系协定）与中国对外直接投资的研究。张礼卿和孙瑾（2021）认为中国企业应加大在RCEP区域内的投资，提升供应链全球布局对国家经济社会发展的支撑能力，建立更符合供应链全球布局及发展的“走出去”框架，加快产业升级。

史柄鸿（2021）选取了RCEP各成员国2003—2020年间的面板数据，利用双边经贸紧密度、东道国市场规模、东道国自然资源禀赋以及高科技水平和东道国通货膨胀率，构建面板数据模型进行实证分析，发现双边经贸紧密度对我国OFDI具有显著的促进作用，并从加深双边合作和促进贸易往来等方面提出了相关建议。

彭薛城（2022）通过实证研究，得出RCEP成员国间的贸易便利化程度越高，中国对外直接投资效益越好的结论，并提出如何进一步加大贸易便利化，提高中国对外直接投资质量和收益的建议，以期RCEP成员国间的密切合作，促进RCEP经济共同体的稳健发展。

王巧和尹晓波（2022）结合数字经济迅速发展的新背景，从投资东道国特征的角度，探究中国对RCEP成员国直接投资的影响因素与投资潜力，运用拓展引力模型就中国对RCEP成员国直接投资的影响因素与投资潜力进行了实证分析，结果表明：（1）中国对RCEP成员国的直接投资受到多方面因素的影响，其中东道国数字化水平、东道国GDP、双边贸易额能够有效吸引中国直接投资，而东道国的自然资源租金、通胀水平以及两国地理距离抑制了中国对其直接投资；（2）中国对 RCEP 各国的投资潜力存在显著差异，投资潜力成长型与投资潜力挖掘型的伙伴国家占比较高，表明中国对 RCEP 成员国直接投资潜力空间巨大，仍待进一步实现和挖掘。

然而，关于对外直接投资与产能过剩之间关系的研究相对较少，随着“一带一路”倡议的提出，国内不少学者开始关注对外直接投资有利于化解中国的过剩产能矛盾，并主要从定性和定量两个方面来展开研究。

定性方面的研究：董小君（2014）对全球五次产业转移的浪潮进行了梳理，研究发现通过国际产业转移是消化国内产能过剩的一条共性规律。通过对美国和日本两种不同的转移模式的详细分析，得出中国可以对美国的高端转移模式与日本的低端转移模式进行兼收并蓄。

何维达和辛宇非（2015）比较分析了二战后美国的“马歇尔计划”与中国的“一带一路”倡议建设，虽然两者在实施背景与目的、具体内容与合作方式等方面都不尽相同，但是它们都能一定程度地化解资本过剩和产能过剩问题，而“马歇尔计划”的成功实施也为中国通过“一带一路”倡议建设化解产能过剩问题提供了重要的借鉴经验。

刘建江、罗双成、凌四立（2015）借鉴美国、德国、日本和韩国等四国化解产能过剩的经验，认为要解决中国的产能过剩问题，必须加快技术创新与体制改革，优化产业结构，引导产能向国外输出，充分借助于“一带一路”倡仪平台促进产业的全球转移，开拓海外投资。

彭凯和段元萍（2015）分别梳理了二战后美国和日本在的对外直接投资模式，从两国的经验中得出：“一带一路”倡议是中国“走出去”战略进入 2.0时代的重要里程碑，它是中国从国家规划层面支持对外直接投资的开篇巨作，也为化解国内严重的产能过剩问题提供了有效路径。卓丽洪、贺俊、黄阳华（2015）分析了发达国家化解产能过剩的国际经验，认为中国已经具备与当时的美国和日本通过国际产能转移化解过剩产能同样的条件，凭借“一带一路”倡议建设支撑作用，中国可以更好地通过国际产能合作来化解过剩产能，但是在合作过程中，中国企业也面临着诸多政治、经济和社会等方面的风险。

钟飞腾（2015）在林毅夫的新结构主义经济学基础之上，基于国际政治经济学的视角，借鉴熊彼特的“创造性毁灭”的机制，阐释了在“一带一路”倡议下，中国应该选择纺织、服装、鞋类等劳动密集型产业“走出去”，选择“一带一路”倡议沿线的菲律宾、泰国、孟加拉国等进行重点投资，逐步向外转移国内过剩产能。

苏杭（2015）以中国制造业的境外转移为出发点，在借鉴美国和日本两国的国际产业转移的基础上，探讨了中国制造业境外转移的模式：认为在经济新常态下，“一带一路”倡议的提出对缓解中国制造业产能过剩问题提供了一条新的有效途径；在通过对外直接投资方式转移国内已不具备比较优势的产能的同时，还需要拓宽与沿线国家的合作领域，推进高新技术领域的合作。

赵国华和陈岩（2015）以中国钢铁企业对印度尼西亚的直接投资为切入点，认为印度尼西亚对中国钢铁企业的吸引力在于丰富的资源、广阔的市场和稳定的政局等方面，而中国钢铁行业应该采取产能“联合出海”的“走出去”方式，以化解国内过剩产能。

李新创（2015）在分析中国对“一带一路”倡议沿线国家钢铁投资环境的基础上，分别从钢铁成品出口、铁矿石投资和钢铁建厂投资三个方面阐述了有关出口投资对象、投资风险及其相关对策，并认为钢铁企业应该抓住“一带一路”倡议的契机，重点投资基础设施建设项目，将国内过剩的钢铁产能向外转移。

郑蕾和刘志高（2015）通过集合统计数据、实地调研与高层访谈等方法，分析了中国对“一带一路”倡议沿线直接投资的现状，认为中国应该改变对外贸易与对外直接投资的格局，紧紧抓住中国过剩产能与“一带一路”倡议沿线需求的对接点，实现国内产能过剩的转移与促进东道国经济增长的双赢局面。

李婧（2015）认为在“一带一路”倡议下，要把俄罗斯对基础建设方面的巨大需求与中国在该领域的经验、技术和设备优势能够有效对接起来。中国严重的产能过剩背景下，在交通和物流基础设施、高新科技、天然气和矿产资源等领域加大对俄罗斯直接投资和产品出口，不仅可以满足俄罗斯的需求、提高就业，而且能够转移国内部分过剩的产能。

张先锋和蒋慕超等（2017）提出随着逆全球化和贸易保护主义的兴起以及国际贸易不确定性的增加，中国出口环境在短期内难以得到较大改善。因此，中国应该遵循对外直接投资的快速发展趋势，以实施“一带一路”倡议为切入点，进一步鼓励企业参与对外直接投资，扩大国际产能合作，以实现减少产能过剩和优化产业结构的双赢目标。

赵文报和李英（2018）分析了“走出去”化解钢铁行业过剩产能的可能性与现实机遇及发达国家的历史经验借鉴，提出钢铁企业“走出去”的区位和路径选择。

迟歌（2018）分析了我国通过“一带一路”倡议缓解过剩产能存在的优势和面临的挑战，最后就如何发挥“一带一路”投资缓解过剩产能作用提出相关的政策建议。

定量方面的研究：杨振兵（2015）在阐释了市场分割与对外直接投资影响产能过剩的理论机理基础上，通过构建了以产能过剩指数、OFDI流量、市场分割指数、出口比重和创新投入比重等为解释变量的多元线性回归模型，探讨了对市场分割与外直接投资如何影响中国产能过剩。研究发现：市场分割会加剧中国产能过剩的程度，而对外直接投资则有助于产能过剩的缓解，并提出要分别从生产端和消费端两个方面来化解过剩产能。

陈岩和翟瑞瑞（2015）以2004—2011年中国十五大行业的产业比值及其对外直接投资比重作为样本，利用灰色关联度模型，采用GM分析软件计算出十五大行业的对外直接投资与其国内产值的绝对关联度、相对关联度和综合关联度，得出了对外直接投资能够在相当大的程度上化解国内部分产能过剩的结论。

倪中新和卢星（2016）分别采用TVP-VAR-DMA、TVP-VAR-DMS、Small TVP-VAR模型、Medium TVP-VAR模型和Larger TVP-VAR模型对中国钢铁需求量进行了预测。结果表明，在中国钢铁产能和其他国家GDP增长率保持不变的前提下，中国钢铁行业产能过剩可以借助于“一带一路”倡议建设被逐年消化。

王继源、陈璋、龙少波（2016）采用里昂惕夫（Wassily Leontief）的非竞争性投入-产出模型，测算出了中国对“一带一路”倡仪沿线国家基础设施建设的投资对中国经济的拉动系数，得出结论是对中国“一带一路”倡仪沿线国家的投资不仅有利于消化国内过剩产能，而且会拉动中国经济增长。

温湖炜（2017）利用倍差法考察对外直接投资是否能够缓解企业的过剩产能，得出结论是肯定的；并进一步对 OFDI 的规模效应与滞后效应进行了检验，得出结论是：对外直接投资的规模对化解过剩产能有积极的正向影响，OFDI 目标国家越多，产能过剩指数越低。因此，企业通过增加对外直接投资国家的数目可以缓解过剩产能；且对外直接投资影响企业产能过剩指数的效应是长期的，作用效应是先上升后下降。

王自锋和白玥明（2017）构建了一个产能过剩对 OFDI 影响的研究框架，并运用 2005—2007 年中国行业企业数据实证研究了产能利用率对 OFDI 的影响及其在行业特征和股权结构上的效应差异性，指出前中国经济体制的特殊性使得国内体制性产能过剩成为影响中国制造业对外直接投资的内部驱动力，但这个源于扭曲经济体制的结果会常常导致对外直接投资的盲目性和低效率。要消除中国经济体制对工业企业投资行为的扭曲干预，必须充分发挥市场竞争的主导作用和企业的理性决策作用。

刘建勇和江秋丽（2019）以沪深 A 股上市公司海外并购数据为研究样本，从微观企业层面对技术创新在海外并购与产能过剩之间的中介作用进行实证检验。研究结果表明，海外并购能够有效缓解企业产能过剩和促进企业技术创新能力的提升，且技术创新在海外并购缓解企业产能过剩的过程中具有显著的中介效应。

1.2.3 文献评价

(1) 国内外许多学者分别研究了产能过剩与对外直接投资，取得了许多重要的成就。但是，在界定产能过剩的内涵上学术界还尚未形成统一的标准，也没有提出衡量产能过剩的完整体系；大多数学者都采用产能利用率作为衡量产能过剩的指标，且采用多种不同方法来测算产能过剩，因而得出的结果也不尽相同，而且多数学者对于产能利用率的测算只包含了供给侧一端，而忽视了需求侧一端。

(2) 关于“对外直接投资与母国产业结构升级、过剩产能的国际转移”的国内外研究成果，为本书的理论研究和定量分析提供了重要参考与启示；国外针对“对外直接投资与投资国产业转移、化解产能过剩”的研究文献特别少，且研究大多着眼于世界范围或研究者本国的问题，缺乏深度、系统性和针对性；国内针对“产能过剩问题”的研究文献相对较多，但大多是从国内角度来分析问题并寻找解决问题的办法，站在国际视角通过对外直接投资化解产能过剩矛盾的研究很少，研究还需进一步完善、成熟与拓展，尤其是要结合新形势下国内外经济环境的新变化、新特点，创新对外直接投资体制机制，探索通过对外直接投资化解产能过剩矛盾的对策思路，突破经济新常态下中国资源与生态环境约束的“瓶颈”，实现经济又好又快地可持续发展。

(3) 关于对于对外直接投资与产能过剩关系的研究，大多数学者采用定性分析方法，而用定量分析的学者较少。学者们计算的产能利用率大多是分行业的产能利用率，而分地区的产能利用率状况进行研究的学者较少。本书研究的产能过剩是包含供给侧与需求侧两端的产能过剩，探讨对外直接投资化解过剩产能的直接作用机制和间接作用机制；并通过测算中国31个省域的产能过剩指数，再以其为因变量构建与对外直接投资与研发投入、出口贸易之间的中介效应模型，验证了通过对外直接投资化解过剩产能存在直接影响效应和间接影响效应，丰富了国内外学者对这一研究领域的内容。

1.3 本书研究思路与主要内容

1.3.1 研究思路

本书遵循“问题描述—理论基础与作用机理—测算与实证分析—结论与对策建议”的研究思路。首先阐述了中国对外直接投资与产能过剩发展现状；

其次，研究对外直接投资化解产能过剩的理论基础与机理；再次，利用生产函数法的随机前沿法（SFA）对中国省域工业产能过剩指数进行了测算与比较；然后，运用中介模型分析了对外直接投资化解产能过剩的直接效应和间接效应；最后，得出结论并提出对策建议。

1.3.2 主要内容

本书研究报告共分 6 章，实质性的研究内容可以大体上归纳如下：

第 1 章：绪论。主要包括研究背景与意义、国内外研究动态、研究思路与主要内容和创新之处。该部分重点梳理了有关产能过剩的文献综述及对外直接投资与化解产能过剩关系的文献综述，发现国外针对“对外直接投资与母国产业国际转移、化解产能过剩”的研究文献很少，且研究缺乏深度、系统性和针对性；国内针对“产能过剩问题”的研究文献相对较多，但大多是从国内角度来分析问题并寻找解决问题的办法，站在国际视角通过对外直接投资化解产能过剩矛盾的研究很少，且通过定量方法分析对外投资对产能过剩影响的文献更是屈指可数。因此，本书将产能过剩内涵从生产环节扩展到销售环节，分析对外直接投资对包含供给侧和需求侧两端产能过剩的影响。

第 2 章：中国对外直接投资与产能过剩发展现状。首先，主要从我国非金融类对外直接投资的规模、区位布局、国内地区分布及产业布局等四个方面阐述了中国对外直接投资的基本情况，并进一步分析了钢铁、水泥等主要产能过剩行业对外投资发展状况。研究发现，中国对外直接投资的规模逐年增长，涉及的投资产业范围也越来越广，投资足迹遍布世界各国或地区，投资步伐逐年加快，且国内几乎所有省区市都开展了对外直接投资行为。近年来，在国际贸易保护主义升温、全球外国直接投资大幅下降的情况下，中国对外直接投资保持稳步增长，成为众多国家利用外资的主要来源地，而且对外直接投资已回归理性，布局全球价值链的能力进一步提升，对“一带一路”倡仪沿线国家的投资保持快速增长。然后，其分析了中国产能过剩发展的四个阶段及其表现特征。在此基础上，本文阐释经济新常态对理性投资与化解过剩产能的内在要求。

第 3 章：对外直接投资化解产能过剩的基础理论与机理。对外直接投资转移过剩产能的理论渊源可追溯到国际产业转移理论，包括马克思关于产业的国际转移论述和西方学者的国际产业转移理论，其中西方国际产业转移理论主要从国际产业转移动因与方式、基于技术作用与国际竞争优势等方面进行了分析。其次其分析了对外直接投资化解产能过剩的作用机理：一是从国际产业转移效应分析了对外直接投资化解产能过剩的直接作用机理，即对外投资可以通过边际产业的向外扩张来实现国内过剩产能的直接输出，产业转移（国内投资替代）能够直接缓冲企业在国内产能的扩张，是对外直接投资化解产能过剩的直接渠道。二是文章分析了对外直接投资的出口创造效应与技术创新效应（国际产业竞争效应）化解产能过剩的间接作用机理，即对外直接投资规模的扩大有利于出口规模的扩大，出口规模扩大是产能输出的间接效应，能够在需求侧提升中国的产能利用率，降低产能过剩指数，进而缓解产能过剩问题；同时，对外直接投资的技术创新效应影响生产环节中的产能过剩并延伸流通环节的产能过剩，主要可以提高投资国企业对前沿技术的利用程度和改善产品质量，增强企业国际竞争力，从而提高企业的产能利用率。

第 4 章：中国省域工业产能过剩测算与比较。首先从工业资本投入、工业劳动投入、工业生产总值和工业销售总值等 4 个方面，较好地分析中国省域工业发展的基本情况。本书发现东部沿海省市不论在资本投入与劳动投入，还是工业生产总值与工业销售总值上，均处于领先地位，而中西部内陆省区市却处于落后地位。在此基础上，本书对我国省域工业产能过剩指数进行了测算与比较分析。首先，阐释产能利用率和产能过剩指数的相关概念，将其内涵由生产环节延伸到销售环节。其次，构建了超越对数的生产模型，利用随机参数生产前沿法（SFA）测算了 31 个省市区生产环节的技术效率。然后，用市场实际需求与工业生产总值之间的比值分析了 31 个省区市销售环节的产能利用率，再将两者相乘得到了中国工业 31 个省区市的产能利用率。最后，根据产能过剩指数与产能利用率之间的关系计算出 2001—2020 年中国 31

个省区市工业产能过剩指数，并从地区分布和省域分布两个方面进行了相关分析，发现我国东部沿海省区市的产能过剩指数较低，而中西部内陆省区市的产能过剩指数较高。在此基础上，对中国工业产能过剩区域差异的成因进行了分析。

第5章：中国对外直接投资化解产能过剩的实证分析。首先选取了产能过剩指数作为被解释变量，核心解释变量为对外直接投资比重，研发投入比重和出口贸易比重作为中介变量，以经济发展水平、市场化程度和政府干预程度作为控制变量，基于中介效应视角，分别构建了对外直接投资化解产能过剩效应的综合影响模型、对外直接投资影响研发投入与出口贸易的实证模型及研发投入与出口贸易化解产能过剩效应的实证模型。实证结果表明：对外直接投资对化解产能过剩的直接影响效应为－0.033；对外直接投资通过研发投入对产能过剩的影响强度大约为－0.002，而通过出口贸易的影响强度大约为－0.012，后者大约为前者的6倍。由此可见，对外直接投资化解产能过剩的作用效应，既存在直接影响效应，也存在间接影响效应，即中介效应。作为对外直接投资对产能过剩的影响的核心机制，出口贸易创造效应对产能过剩的中介作用要大于技术创新效应。

第6章：结论及对策建议。通过研究，本书得出如下结论：第一，中国产能过剩问题仍然很严重，且呈现出较强的地区差异性。第二，对外直接投资化解产能过剩作用存在直接影响效应与间接影响效应（中介效应）；第三，企业创新投入增加助力过剩产能地化解；第四，出口贸易额与产能过剩指数存在负向相关关系。中国可以借鉴国际经验通过以下路径来化解产能过剩的矛盾：一是加强政府宏观调控与完善市场调节机制并举。二是维持市场寻求型对外投资的规模，转移国内部分过剩产能。三是着力推进以技术为导向对外直接投资战略，化解与淘汰部分过剩产能。四是鼓励企业加大创新投入，提高产能利用率。五是面对新的国际形势，企业要遵循国际准则拓展海外投资。六是政府应从各方面发力，促进对外直接投资的发展。七是推进“一带一路”倡议建设、RCEP区域投资合作与产能国际转移。八是促进对外直接投资与区域制造业分工优化相融合、协调发展。

本书的研究技术路线图如图1-1所示。

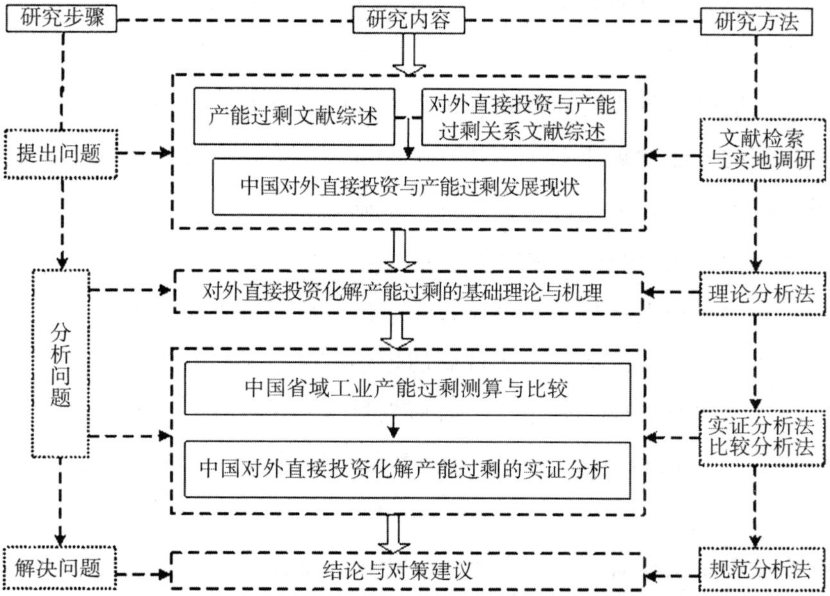

图1-1 研究技术路线图

1.4 本书的主要创新

(1) 对传统对外直接投资与过剩产能国际转移的理论进行梳理，并结合新近国内外研究成果、国际产业转移理论与国际投资相关理论，分析了对外直接投资化解产能过剩的直接与间接作用机理。这对传统的对外直接投资理论与过剩产能国际转移理论进行了拓展。

(2) 以往研究多局限在国内，本书则将化解产能过剩置于全球开放经济条件之下，如何通过对外直接投资来转移国内过剩产能。通过对中国产能过剩的特征与深层次成因分析，认为只依靠国内市场调节及政府干预淘汰和重组不能完全解决产能过剩问题，应积极借助对外直接投资有效化解产能过剩矛盾。经济新常态下要求对外直接投资不能一味追求规模的扩大，更应从投资效率和质量上来考量对外直接投资行为，对外直接投资的最终驱动因素应是追求更好的投资效益，使企业获得更好的产业发展机会，有效化解国内产能过剩。在充分认识经济新常态下中国对外直接投资面临国内外新形势的基础上，提出了中国对外直接投资化解产能过剩矛盾的对策建议。

（3）突破以往单从供给侧来测算产能过剩的指数，本书以包含供给侧和需求侧两端的产能过剩为研究对象，测算了中国 31 个省区市的产能过剩指数；并在梳理对外直接投资相关理论的基础上，研究了对外直接投资化解产能过剩效应的直接影响机制和间接影响机制（中介效应）。

（4）构建对外直接投资、研发投入、出口贸易和产能过剩之间的中介模型，得出了对外直接投资对产能过剩的影响存在直接效应与间接效应，并且直接效应大于间接效应。其中，相对研发投入—中介作用效应，直接效应远大于间接效应，而相对于出口贸易—中介作用效应，直接效应弱大于间接效应。

存在的不足主要有：第一，由于《中国工业统计年鉴》和《中国城市统计年鉴》等官方统计口径不一致，且部分行业数据的缺失，虽然通过一些方法将数据补齐，但是可能会使得实证结果产生一定的偏差。第二，本书测算的是省域工业的产能过剩指数，但是非金融类对外直接投资的省区市数据没有纯工业的数据，这会对待估系数值造成些许偏差。

第2章　中国对外直接投资与产能过剩发展现状

2.1　中国对外直接投资发展现状

改革开放开启了中国对外直接投资之门，但初期投资规模较小；直到2001年，中国加入了WTO，中国对外直接投资的步伐才开始加快。近年来，在逆全球化思潮持续发酵、贸易保护主义和单边主义不断升温、全球外商直接投资大幅下降的情况下，中国对外直接投资稳步增长，成为众多国家利用外资的主要来源地，而且对外直接投资已回归理性，布局全球价值链的能力进一步提升，对“一带一路”倡议沿线国家的投资保持快速增长。

2.1.1　中国对外直接投资规模

在全球经济同步增长、国际贸易日益活跃的同时，全球外国直接投资（FDI）并没有随之增加，而是呈现出下降的趋势。根据联合国贸易和发展会议2018—2020年发布的《世界投资报告》，2017年全球外国直接投资（FDI）流出量降至1.43万亿美元，同比下降3%；2018年受美国税改政策以及部分经济体加强外资项目审查的影响，全球外国直接投资总额为1.3万亿美元，较2017年减少13%，连续第3年出现下滑；继2017年和2018年的大幅下降后，2019 年全球 FDI 流量小幅上升 3%，达 1.54 万亿美元。据联合国贸易和发展会议（UNCTAD）2020 年 6 月 16 日发布的《2020 年世界投资报告》（下称“报告”）预计，2020 年全球外国直接投资（FDI）流量将在 2019 年 1.54 万亿美元的基础上下降近 40%，这将使全球 FDI 自 2005 年以来首次低于 1 万亿美元；报告还指出，新冠疫情加剧了国际生产体系面临的挑战，未来十年将是国际生产体系转型的十年。而我国在 2016 年年底加强了对外直接投资的真实性、合规性监管，对外直接投资增速大幅下滑。2002 年年底国家以商务部、国家统计局和国家外汇管理局等国家专门机构共同开始统计中国对外直接投资的情况，《2017 年度中国对外直接投资统计公报》的数据显示，2017 年中国对外直接投资 1 582.9 亿美元，同比下降 19.3%。对外直接投资增速虽有放缓，但流量规模依然较高，位居全球第三，仅低于美国和日本，而存量规模已升至全球第二位，较 2016 年更是上升了 4 个位次，存量规模仅低于美国，我国已成为全球对外直接投资的大国。2018 年，全球经济的持续复苏仍未改善对外直接投资。特别是美国实施税制改革后，海外分支机构的留存收益开始大量回流美国，是导致全球外商直接投资下降的主要因素，而中国对外直接投资稳步增长。《2018 年度中国对外直接投资统计公报》的数据显示，从 2002 年起中国对外直接投资的规模经过近 20 年的发展已经达到了相当水平，成为支撑全球对外直接投资增长的主要动力；2018 年，中国对外直接投资流量高达 1 430.40 亿美元，存量为 19 822.70 亿美元，在当年全球外商直接投资流量和存量中占比分别达到了 14.10%和 6.40%，双双创历史新高。根据《2019 年度中国对外直接投资统计公报》的数据，中国对外直接投资流量为 1 369.10 亿美元，存量为 21 988.80 亿美元，在当年全球外商直接投资流量和存量中占比分别达到了 10.40%和 6.40%，流量位列全球国家（地区）排名的第 2 位，存量列第 3 位。根据《2020 年度中国对外直接投资统计公报》的数据，中国对外直接投资流量为 1 537.10 亿美元，存量为 25 806.60亿美元，在当年全球外商直接投资流量和存量中占比分别达到了 20.20%和 6.60%，流量位列全球国家（地区）排名的第 1 位，存量列第 3 位。

如表 2-1 所示，2020 年，中国对外直接投资流量已经从 2002 年的 27 亿美元上涨到 2020 年的 1 537.10 亿美元，2020 年流量是 2002 年的 57 倍，年均增长速度高达 25.2%；流量规模首次位列全球第一大对外直接投资国；自 2003 年中国有关部门权威发布年度数据以来，中国已连续 9 年位列全球对外直接投资流量前三，在全球 FDI 份额中连续 5 年超过 10%，对世界经济的贡献日益凸显，中国对外直接投资在全球外国直接投资中的影响力不断扩大。相较于疲弱的全球外国直接投资，中国已成为支撑全球外国直接投资增长的主要动力。从中国双向国际投资情况看，对外直接投资高于利用外商投资（1 443.7 亿美元）。从存量层面看，中国对外直接投资存量从 2002 年末的 299 亿美元上涨到 2020 年的 25 806.60 亿美元，2020 年存量是 2002 年的 86 倍。2014 年，中国对外直接投资首次跻身全球外商直接投资存量排名的前十位，2020 年仅次于美国和荷兰，连续 4 年居世界外商直接投资存量的第三位。从表 2-1 中可以看出，2002—2020 年中国对外直接投资流量和存量都呈现出上升的趋势，并且保持了较快的增长速度。

表 2-1　2002—2020 年中国对外直接投资流量与存量情况表

（单位：亿美元）

年份	流量			存量	
	金额	全球位次	同比（%）	金额	全球位次
2002	27.00	26	—	299.00	25
2003	28.50	21	5.56	332.00	25
2004	55.00	20	92.98	448.00	27
2005	122.60	17	122.91	572.00	24
2006	211.60	13	72.59	906.30	23
2007	265.10	17	25.28	1 179.10	22
2008	559.10	13	110.90	1 839.70	18
2009	565.30	5	1.11	2 457.50	16
2010	688.10	5	21.72	3 172.10	17
2011	746.50	6	8.49	4 247.80	13

续表

年份	流量			存量	
	金额	全球位次	同比（%）	金额	全球位次
2012	878.00	3	17.62	5 319.40	13
2013	1 078.40	3	22.82	6 604.80	11
2014	1 231.20	3	14.17	8 826.40	8
2015	1 456.70	2	18.32	10 978.60	8
2016	1 961.50	2	34.56	13 573.90	6
2017	1 582.90	3	－19.30	18 090.40	2
2018	1 430.40	2	－9.63	19 822.70	3
2019	1 369.10	2	－4.29	21 988.80	3
2020	1 537.10	1	12.27	25 806.60	3

注：(1) 2002—2005 年数据为对外非金融类直接投资数据，2006—2020 年为全行业对外直接投资数据；(2) 2006 年同比为对外非金融类直接投资比值。

数据来源：《2020 年度中国对外直接投资统计公报》。

2.1.2 中国对外直接投资的区位选择

经过 40 余年的沉淀，中国企业的对外直接投资已经遍布世界 190 个国家与地区，投资存量相对集中；截至 2020 年底，中国在排名前三的亚洲、拉丁美洲、欧洲的投资存量分别为 16 448.90 亿美元、6 298.10 亿美元和 1 224.30 亿美元，分别占到了中国对外直接投资存量总量的 63.7%、24.4%和 4.7%。2020 年，中国企业对外直接投资流量排名前 3 的地区分别是亚洲、拉丁美洲和欧洲，投资流量分别为 1 123.40 亿美元、166.60 亿美元和 126.90 亿美元，同比增长分别为 1.4%、160.7%和 20.6%，占到中国对外直接投资流量总量分别为 73.1%、10.8%和 8.3%。中国对外投资区域不平衡的现象仍未改善，亚洲地区依然是我国对外投资的主要目的地，对拉丁美洲、非洲、北美洲投资快速增长，对大洋洲投资降幅较大。中国对外直接投资地域分布高度集中，存量前 20 位的国家和地区累计达到 24 105.1 亿美元，占中国对外直接投资存量总额的 93.4%。主要流向中国香港、开曼群岛、英属维尔京群岛、美国、新加坡、澳大利亚、荷兰、印度尼西亚、英国、卢森堡、德国、加拿大、俄罗斯联邦、瑞典、中国澳门、马来西亚、老挝、阿拉伯联合酋长国、泰国、越南等国家和地区。

截至 2020 年底，中国境内投资者 2.8 万家，在全球 189 个国家和地区设立对外直接投资企业达 4.5 万家，与 2019 年年末相比，增加了近 1 000 家。从表 2-2 中可以看出中国企业对外直接投资的国家和地区高达 189 个，在全球 234 个国家和地区中覆盖了 80%以上的国家和地区。其中，在亚洲、欧洲和非洲的覆盖率都超过了 85%。

表 2-2　2020 年末中国境外投资企业在各洲分布情况表

名称	2020 年末国家（地区）总数（个）	境外企业覆盖的国家（地区）数量（个）	覆盖率（%）
亚洲	48	45	95.70
欧洲	49	43	87.80
非洲	60	52	86.70
北美洲	4	3	75.00
拉丁美洲	49	32	65.30
大洋洲	24	14	58.30
合计	234	189	80.80

资料来源：《2020 年度中国对外直接投资统计公报》。

表 2-3 显示了中国在世界各洲进行对外直接投资的企业数量。其中，在亚洲投资的企业 26 166 家，在中国对外直接投资企业总规模中所占比重达 58.5%；其次是北美洲，有 6 031 家企业在该洲投资设厂，所占比重为 13.5%；在欧洲投资设厂的企业数量则紧随其后，有 4 655 家，占比为 10.4%；在非洲、拉丁美洲和大洋洲进行投资的企业数量分别为 3 549 家、3 015 家和 1 331 家。

表 2-3　2020 年末中国境外企业各洲构成情况

名称	境外企业数量（家）	比　重（%）
亚洲	26 166	58.5
北美洲	6 031	13.5
欧洲	4 655	10.4
非洲	3 549	7.9
拉丁美洲	3 015	6.7
大洋洲	1 331	3.0
合计	44 747	100.00

资料来源：《2020 年度对外直接投资统计公报》。

自 2013 年“一带一路”倡议提出以来，中国积极推进与“一带一路”沿线国家的投资产能合作，中国在此期间对沿线国家累计直接投资1 398.5亿美元。数据显示，2020 年，中国在“一带一路”沿线 63 个国家和地区设立了 1.1 万家海外企业，中国对沿线国家直接投资流量 225.4 亿美元，同比增长 20.6%，占同期中国对外直接投资流量的 14.7%，年末存量2 007.9亿美元，占同期中国对外直接投资存量的 7.8%。“一带一路”沿线国家投资不仅成为中国对外投资的重要区域，而且成为推动中国对外投资的重要力量。2013—2020 年的 8 年里，中国对沿线国家累计直接投资达1 398.5亿美元，具体情况见表 2-4。

表 2-4　2013—2020 年中国对“一带一路”沿线国家投资情况表

年　份	2013	2014	2015	2016	2017	2018	2019	2020
投资额（亿美元）	126.3	136.6	189.3	153.4	201.7	178.9	186.9	225.4

资料来源：《2020 年度中国对外直接投资统计公报》。

中国对东盟等 RCEP 成员国投资更加活跃。RCEP 生效实施以来，东盟国家等 RCEP 成员国积极利用 RCEP 带来的机遇，加大国内改革力度，进一步优化营商环境，中国企业对东盟等 RCEP 成员国投资意愿进一步增强、投资取得新进展。据中国商务部统计，2022 年中国对 RCEP 其他成员国的非金融类直接投资为 179.6 亿美元，同比增长 18.9%。中国对东盟国家的绿地投资表现突出，2022 年中国对印度尼西亚、新加坡和越南的绿地投资金额分别为 17.4 亿美元、16.5 亿美元和 7 亿美元，同比分别增长 366.5%、823.6% 和 32.5%。中国企业对 RCEP 其他成员国的绿地投资项目涉及生物科技、金属、不动产（基础设施建设）、电子元件、塑料、通信等多个行业，业务涉及研发、制造和矿产资源加工等类型。例如，中国生物制药企业药明生物在新加坡投资新建研发生产中心，中伟新材料和华友钴业着力布局印度尼西亚，拓展资源采掘和金属加工业务。随着中国新能源汽车行业的快速发展，中国高科技企业积极出海投资配套产业，国轩高科动力能源公司对越南电子元件制造产业投资生产磷酸铁锂电池，蔚来汽车在新加坡投资进行自动驾驶技术和人工智能开发。跨境电商等数字经济的发展也推动了中国互联网企业向外拓展投资合作，阿里巴巴子公司菜鸟物流在越南投资进行物流仓储设施建设和智能物流园区开发，字节跳动子公司 TikTok 赴泰国投资建设新的物流设施，腾讯聚焦日本通信产业和互联网基础设施，计划在日本建设第三个数据中心。数字经济合作是 RCEP 成员国中长期经济布局的战略关切，积极推进数字化进程可以为区域经济一体化和全球化注入新动能。有研究基于 RCEP 国家 2011—2020 年的样本数据发现，数字贸易对 RCEP 国家全球价值链位置攀升具有促进作用，有助于推动突破全球价值链位置“低端锁定”困境。

2.1.3　中国对外直接投资的国内地区分布

地方企业对外直接投资逆势增长，非公有制经济控股实体对外直接投资比重上升。从表 2-5 可以看出，2020 年，中国各地区地方企业非金融类的对外直接投资流量达到 848.50 亿美元，同比下降 5.4%，占全国非金融类流量总额的 63.3%，成为 2020 年中国对外直接投资的中坚力量。东部、中部和西部地区的对外直接投资流量分别为 713.90 亿美元、69.30 亿美元和 59.20 亿美元，同比增长率分别为－0.20%、－23.90%和－24.20%，受新冠疫情的影响，均为下降且中部和西部地区下降幅度较大，在地方对外直接投资总流量中所占比重分别为 84.10%、8.20%和 7.00%。2020 年，广东、上海、浙江跻身地方对外直接投资前三名；非公有制经济控股经济实体对外直接投资流量 671.60 亿美元，占对外直接投资总额的 50.10%，同比增长 14.10%；公有经济控股对外直接投资流量 668.9 亿美元，占对外直接投资总额的 49.9%，同比增长 15.1%。从表 2-5 的数据来看，中国对外直接投资流量的地区构成以东部沿海省市为主，中西部内陆省区市为辅。

表 2-5 2020 年中国地方对外直接投资流量按区域分布情况表

地区	流量（十亿美元）	比重（%）	同比（%）
东部地区	71.39	84.10	−0.20
中部地区	6.93	8.20	−23.90
西部地区	5.92	7.00	−24.20
东北三省	0.61	0.70	−51.60
合计	84.85	100.00	−5.40

注：(1) 东部地区包括北京、天津、河北、上海、江苏、浙江、福建、山东、广东和海南。(2) 中部地区包括山西、安徽、江西、河南、湖北、湖南六省。(3) 西部地区包括内蒙古、广西、四川、重庆、贵州、云南、陕西、甘肃、青海、宁夏、新疆、西藏。(4) 东北三省包括黑龙江、吉林、辽宁。

资料来源：《2020 年度中国对外直接投资统计公报》。

此外，中国境外企业为东道国税收和就业做出了重要贡献，对外投资实现了明显的互利共赢。2020 年，中国境外企业向东道国政府缴纳税收总额达 445 亿美元，聘用当地员工达 218.80 万人，占境外员工总数的 60%以上。同时，中国境外企业的经营业绩表现良好，70%以上的企业盈利或利润持平。对外直接投资带动货物贸易出口 1 737 亿美元，占全国货物贸易出口总值的 6.7%，境外企业实现销售收入 2.4 万亿美元。

2.1.4 中国对外直接投资的产业布局

伴随中国对外直接投资的发展，布局全球价值链的能力进一步提升，其所涵盖的行业领域越来越广，国民经济的各大行业纷纷对外直接投资。从流量上来看，2020 年末，中国 18 个国民经济行业都有对外直接投资，其中对外直接投资流量排名前 5 的行业分别是租赁和商务服务业、制造业、批发和零售业、金融业及信息传输/软件和信息技术服务业等行业，分别为 387.2 亿美元、258.4 亿美元、230.0 亿美元、196.6 亿美元和 91.9 亿美元，同比增长率分别为－7.5％、27.7％、18.3％、－1.5％和 67.7％，在总流量中的占比分别为 25.2％、16.8％、15.0％、12.8％和 6.0％。从上述数据可以看出，流量排名前五行业除租赁 和商务服务业外其他都为正增长，流入金融业、信息传输/软件和信息技术服务业两大领域的投资迅速增长，而制造业、批发和零售业投资增长相对较缓，受新冠肺炎疫情影响流向农/林/牧/渔、住宿和餐饮、文化/体育和娱乐、教育等领域的投资降幅较大，特别是对教育、住宿和餐饮业等两大领域的投资降幅高达 80％。从上述行业分类中我们可以看到，2020 年中国第三产业仍然是我国对外直接投资的主要领域，其流量占对外直接投资总流量的比重达 69.5％，第二产业所占比重为 29.8％。具体情况见表 2-5。

表 2-6　2020 年中国对外直接投资流量行业分布情况表

（单位：亿美元）

行业	流量金额	比上年增长（％）	比重（％）
合计	1 537.1	12.3	100.0
租赁和商务服务业	387.2	－7.5	25.2
制造业	258.4	27.7	16.8
批发和零售业	230.0	18.3	15.0
金融业	196.6	－1.5	12.8
信息传输/软件和信息技术服务业	91.9	67.7	6.0
建筑业	80.9	114.0	5.3
交通运输/仓储和邮政业	62.3	60.6	4.0
采矿业	61.3	19.5	4.0
电力/热力/燃气及水的生产和供应业	57.7	49.1	3.7

续表

行业	流量金额	比上年增长（%）	比重（%）
房地产业	51.9	51.8	3.4
科学研究和技术服务业	37.3	8.7	2.4
居民服务/修理和其他服务业	21.6	29.3	1.4
农/林/牧/渔业	10.8	−55.7	0.7
卫生和社会工作	6.4	178.3	0.4
水利/环境和公共设施管理业	1.6	−40.7	0.1
教育	1.3	−80.0	0.1
住宿和餐饮业	1.2	−80.0	0.1
文化/体育和娱乐业	−21.3	0.0	−1.4

资料来源：《2020年度中国对外直接投资统计公报》。

从存量看，2020年末，租赁和商务服务业、批发和零售业、信息传输/软件和信息技术服务业、制造业、金融业及采矿业等六大板块对外直接投资存量的规模均超过千亿美元，其总规模在中国对外直接投资存量的占比达85.20%。中国对外直接投资存量的近八成集中在第三产业（即服务业），金额为20 287.1亿美元，主要分布在租赁和商务服务、批发和零售、信息传输/软件和信息技术服务、金融、房地产、交通运输/仓储和邮政业等领域。第二产业5 398亿美元，占中国对外直接投资存量的20.9%，其中，制造业（不含金属制品/机械和设备修理业）2 775.2亿美元，占第二产业的51.4%；采矿业（不含开采辅助活动）1 691亿美元，占31.3%；建筑业508亿美元，占9.4%；电力、热力、燃气及水的生产和供应业423.8亿美元，占7.9%。第一产业（农/林/牧/渔业）194.3亿美元，占中国对外直接投资存量的0.5%。具体情况见图2-1。

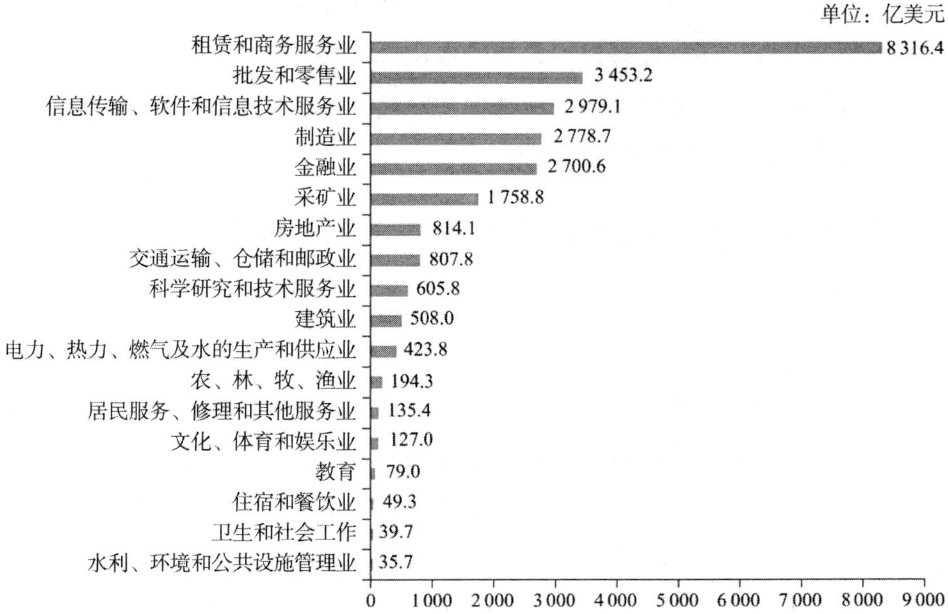

图 2-1　2020 年末中国对外直接投资存量行业分布图

资料来源：《2020 年度中国对外直接投资统计公报》。

截至 2020 年底，中国境内在“一带一路”倡议沿线 63 个国家设立的境外企业投资覆盖国民经济 18 大行业，当年实现直接投资 225.4 亿美元，同比增长 20.6%，占同期中国对外直接投资流量的 14.7%，较上年提升一个百分点。从行业构成来看，流向制造业投资 76.8 亿美元，同比增长 13.1%，占比 34.1%；流向建筑业 37.6 亿美元，占 16.7%；流向电力、热力、燃气及水的生产和供应业 24.8 亿美元，占 11%；流向租赁和商务服务业 19.4 亿美元，占 8.6%；流向批发和零售业 16.1 亿美元，占 7.1%；流向科学研究和技术服务业 8.7 亿美元，占 3.8%；流向信息传输/软件和信息技术服务业 8.2 亿美元，占 3.6%；流向金融业 8 亿美元，占 3.5%。

值得一提的是，由于劳动力成本及环境成本上升、企业税费负担较重等因素的影响，国内制造业，尤其是低端制造业加快向海外转移的步伐。同时，为进一步开拓海外市场、获得高端技术及先进管理经验，国内企业优化了对国外中高端制造业的布局，制造业对外直接投资持续增长。近年来，中美贸易摩擦不断升级、环保督察变得更加严格、社保缴费压力加大、较严重的国内产能过剩，部分制造业向邻近国家转移的意愿进一步加强。因此，我国制造业对外直接投资保持稳步扩张态势。

2.1.5 中国钢铁、水泥产业对外直接投资发展状况

1. 中国钢铁对外直接投资发展状况

近几年，中国钢企走向海外市场的步伐明显加快。海外投资分布主要以我国周边国家为主，东南亚国家是主要目的地国，我国对金砖国家均有钢铁项目投资。印尼有 3 个项目，南钢股份的印尼 100 万吨全流程钢铁项目、青山集团的印尼 30 万吨镍铁冶炼项目和霸州新亚金属的印尼 20 万吨钢管生产线。泰国 1 个项目，德龙钢铁的泰国 60 万吨热轧窄带钢项目。马来西亚 1 个项目，济钢的马来西亚中板钢铁项目。老挝 1 个，昆钢的老挝 50 万吨钢铁项目。西亚印度 1 个项目，新兴铸管联合五矿的印度钢铁项目。南非 1 个，河北钢铁的南非 500 万吨钢铁项目。巴西 1 个，宝钢的巴西 500 万吨钢铁项目。俄罗斯 1 个，辽宁西洋集团的俄罗斯 400 万吨钢铁项目。意大利 1 个，鞍钢的意大利 10 万吨钢材加工项目。天津钢管的美国 50 万吨钢管生产线运营生产尤为难得，表明我国钢铁技术及装备已达到国际一流水平。中国钢企国外投资开采铁矿石情况：中国铁矿石资源 80%都属于贫矿类别，平均含铁 18%左右。而巴西和澳大利亚等地的铁矿石含铁量则达到 60%以上。巴西淡水河谷、澳大利亚必和必拓和力拓集团等世界三大铁矿石巨头垄断了全球铁矿石市场 75%以上。为了降低原材料成本，据统计，2006—2019 年我国在境外投资铁矿石项目 40 多个。我国在境外投资铁矿石项目主要有：武汉钢铁收购巴西 MMX 公司约 21.5%股份，获得 6 亿吨铁矿石资源权益。山东钢铁获得巴西 Salinas 铁矿项目的开发权。鞍钢获得澳大利亚金必达矿业公司 3 000 万吨的磁铁矿终生开采权。重庆钢铁投资澳大利亚 17.8 亿吨磁铁矿项目。中国冶金科工股份的西澳铁矿石项目。武钢收购利比里亚的一个铁矿石项目。中国

铁路物资总公司收购非洲矿业公司 12.5%的股权，获得 Tonkolili 项目中铁矿石 20 年的开采权。2022 年我国主要钢铁跨国公司海外投资情况，见表 2-6。中国境外经贸合作区内投资运营：境外经贸合作区是由商务部牵头与国外政府签约，在国外建设的合作园区，是中国出口贸易在海外的“飞地”。目前，在全球 50 个国家中建立了 150 个境外经贸合作区。近年来，许多国内钢铁项目入驻合作园区，比如，马来西亚马中关丹产业园区的上海宝冶集团的马来西亚 350 万吨钢铁项目；埃塞东方工业园的臻振钢铁的埃塞俄比亚 20 万吨盘圆钢材项目；俄罗斯乌苏里斯克园区内东方钢铁的彩钢板项目；尼日利亚莱基自由贸易区—中尼经贸合作区的钢结构生产项目。印尼青山园区已经发展成为中国“镍铁＋不锈钢”企业实现全球产业布局、实现产业聚集的重要基地。

表 2-6　2022 年我国主要钢铁公司跨国指数

企业名称	海外资产（万元）	海外收入（万元）	海外员工（人）	跨国指数（%）
河钢集团有限公司	7 701 462	15 372 237	12 935	21.22
中国宝武钢铁集团有限公司	5 070 023	20 098 866	2 731	8.85
首钢集团有限公司	4 596 755	3 590 602	4 508	8.92
鞍钢集团有限公司	2 450 908	3 652 357	477	4.93

数据来源：2022 中国 100 大跨国公司榜单。

中国钢铁产能国际转移面临的国内外困境：从国际形势来看，世界经济复苏乏力，全球钢铁产能过剩，欧盟、美、印等国对来自中国的钢铁产品设置贸易障碍和壁垒，采取所谓的“双反”调查。中国钢铁产品出口影响较大，从出口数量到出口金额双双下滑。除了国外不利因素外，我国钢铁产业自身还存在诸多问题，如钢铁国际转移的方式主要以资金、设备、原材料等直接要素投入为主，而以兼并收购、控股等资本运作方式为主的投资较少；境外投资铁矿石项目很多，但中国海外权益产量仅占全年进口量的 8%左右；境外自贸合作区内，钢铁产业链条中的轻工冶炼和矿产资源利用项目占比较少，等等。

对外直接投资化解钢铁行业过剩产能的国际机遇与国内实力。对外直接投资化解钢铁行业过剩产能的国际机遇：首先，亚洲各国的基础设施建设需求额巨大。亚洲开发银行的报告显示，亚洲整体基础设施建设的年均需求已达 1.5 万亿美元。拉美地区有庞大的人口规模和丰富的自然资源，与之相较，基础设施还远远落后。近几年，不少拉美国家加大了对交通、能源、电信等基础设施的建设力度，这给我国的钢铁行业带来了巨大的投资契机。其次，拉美地区拥有丰富的矿产资源。我国凭借相对成熟的技术、先进设备和丰富的经验，带动拉美地区产业结构的调整，成为其满意的合作伙伴。推进国内优质产能走出去已取得成效。据报道，国内数家拥有先进设备的大型钢铁企业形成联盟体，向巴西转移 1 000 万吨钢铁产能。非洲是富含铁矿石的地区，然而较低的钢材需求使得铁矿石主要被用来出口。近几年来，一些非洲国家加速发展让这个地区重新进入投资者的视线。当前，非洲的基础设施有极大的建设空间。中国企业在非洲有很好的合作历史与投资基础，中非合作论坛也为国内钢铁企业与中非在基建方面进行合作提供了平台。我国钢铁行业拥有对外直接投资的客观实力：钢铁产量不断增加。新中国成立之初，我国钢铁产量只有 15.8 万吨。改革开放之初，也只有 3 000 万吨。然而到 1996 年，我国已成为钢铁产量世界第一的国家。进入 21 世纪，我国钢铁行业迅猛发展。2007 年粗钢产量达到 4.89 亿吨，比 1996 年翻了两番，占世界钢铁总量的三分之一。2015 年，我国的钢铁产量已有约 8.04 亿吨，是改革开放之初产量的 27 倍，达到历史峰值。据工信部官网消息，2019 年我国生铁、粗钢和钢材产量分别为 8.09 亿吨、9.96 亿吨和 12.05 亿吨，同比分别增长 5.3%、8.3%和 9.8%，粗钢产量再创历史新高。随着钢铁产量的增加，钢铁工业的生产技术也在不断进步，钢铁生产关键技术不断突破。近几年，我国钢铁制造业在品种开发、流程、生产工艺和装备技术等方面已经达到全球一流水平。超级钢居于世界领先地位，宝钢、太钢、鞍钢等企业均涉足超级钢生产领域。高端汽车板、高级别管线钢等高品质钢材处于世界领先水平。以轴承钢为代表的特钢达到世界一流水平。铁路机车用钢、高质量钢轨产品质量稳步提升，几乎所有钢铁产品我国都能生产，一些特钢产品研发能力和生产工艺达到国际先进水平。流程技术、大高炉技术、转炉技术可以出口到美国、日本、韩国等，由钢铁技术装备的进口国转向出口国。节能减排水平提高，钢铁行业环保指标主要体现在综合能耗、新水消耗和排放物指标等方面。我国钢铁工业的吨钢能耗、新水消耗、污染物排放等大幅下降。全国吨钢能耗标准煤为 570 千克，已达到国际水平；全国钢企的吨钢新水消耗量由 2010 年的 4 吨减少到 3.25 吨，河钢集团的邯钢、首钢京唐钢铁等企业的吨钢新水消耗量为 3 吨左右，达到世界一流水平；脱硫、脱硝以及二氧化硫排放有严格的检控标准及监管措施。

供给侧结构性改革和“一带一路”倡议助力我国钢铁产能国际转移：

钢铁行业在近几年遭遇“寒流”，表现为内忧外困。在国内，钢铁业产能严重过剩，化解钢铁过剩产能成为首要任务。在国外又遇到困局，美国、欧盟、印度等国挥起“双反”调查大棒。供给侧结构性改革和“一带一路”倡议，对中国钢铁产能转移到境外提供绝妙而有力的支撑。供给侧改革在国内通过优化供给端，使我国钢铁业迈向全球价值链的中高端，向国外市场提供新的供给，从而释放新的需求。首先，“一带一路”倡议建设在国外发力，通过开拓和挖掘需求端，扩大国外市场对中国钢铁产能的需求。2013 年，我国提出“一带一路”倡议得到沿线国家和地区的积极响应，为我国钢铁产能国际转移提供了广阔的海外市场。“一带一路”倡议沿线国家工业基础相对薄弱，但人口多、发展潜力大。多年来，大规模的基础建设和能源开发利用为我国钢铁企业“走出去”提供政策福利。在沿线 60 多个国家中，通过国际产能合作，转移技术和管理经验，培育当地的技术和管理人才，带动当地就业，促进当地经济发展，同时又能促使我国的过剩产能地化解。“一带一路”倡议为企业间的国际合作提供了各种便利服务。如河北省为响应“一带一路”倡议，鼓励具有比较优势的企业建立一批海外生产基地，以驱动设备、技术、资金和劳动力产出。在海外投资管理方面，河北省等省区市实行审批制度，从统一管理到层级管理转型，大大提高了行政审批效率，激发了资本产出的积极性。

在财务支持措施方面，中国银行保险监督管理委员会要求银行提供国内贷款、外汇和人民币贷款、贸易融资和国际保理等综合金融服务，积极开展对外承包工程，扩大对外投资合作支持。中国银行通过各种融资模式和金融服务产品，积极支持企业出口实现国内产能过剩行业跨境转移。在税收政策方面，国家税务总局通过税收协定解决国外税收纠纷和税收歧视。对外直接投资化解过剩产能是供给侧结构性改革的内在要求。供给侧结构性改革的产业目标有两个，一是产业升级，二是产业转移。一方面，对外直接投资化解钢铁过剩产能是供给侧结构性改革的主要内容之一，并在供给侧结构性改革中发挥重要作用。供给侧结构性改革包括“三去一降一补”五个方面的任务，去过剩产能是其中首要任务；去产能有“四个一批”等四种途径，而转移一批是去产能的途径之一。对外直接投资化解过剩产能就是向国外转移优势产能，是钢铁产能国际合作。供给侧结构性改革优化供给动力结构，创造与对外直接投资相匹配的新供给。政府引入“负面清单”管理方式，为企业对外直接投资的便利化创造条件。加强“单一窗口”建设，建设一个集投资、贸易、通关服务和监管于一体的综合管理服务平台。与此同时，为钢铁产能转移项目提供投、融资支持政策，制定双边合作协定，为对外直接投资的钢企提供法律、信息以及国际商贸人才等精准的中介服务。

2. 中国水泥对外直接投资发展状况

中国水泥企业对外直接投资的内在压力：从产量情况来看，1997—2014年，我国水泥产量整体保持着稳定增长的势头。在水泥产量持续高速增长后，产能过剩，供过于求，整个行业进入产能调整阶段，产量也呈下降趋势。水泥产量从2014年的24.8亿吨高位，跌至2018年的21.8亿吨。2020全年中国水泥产量为21 333.1万吨，同比增长6.3%。累计方面，2020年中国水泥累计产量达到了23.8亿吨，累计增长1.6%。2012—2020年中国水泥累计产量统计及增长情况，见表2-7。

表 2-7　2012—2020 年中国水泥累计产量统计及增长情况

年份	2012	2013	2014	2015	2016	2017	2018	2019	2020
产量（亿吨）	21.8	24.1	24.8	23.5	24	23.2	21.8	23.3	23.8
增长率（%）	5.83	10.55	2.9	−5.24	2.13	−3.33	−6.03	6.1	1.6

资料来源：前瞻产业研究院整理。

2015 年全国水泥累计产量 23.5 亿吨，出现下降，各区域价格效益全面下滑，近半数水泥企业亏损。中国水泥协会统计，2015 年新增熟料产能 4 712 万吨，比 2014 年减少 2 319 万吨；预计熟料产能达到 18.1 亿吨，实际年熟料产能达到 20 亿吨，累计产能 2015 年增长 2%，产能过剩矛盾严重突出。近年来，高能耗、高污染、产能过剩“三座大山”压得水泥企业喘不过气来，国内市场供需矛盾激化，企业亏损严重，水泥企业经历了史上最艰难的时期，中国水泥企业比任何时候都需要走出去。

中国水泥企业对外直接投资的内在实力与机遇：中国水泥行业技术水平已达到世界先进水平，具备对外投资的内在实力。中国水泥行业的迅速崛起，研发出了具有自主知识产权的技术，打破了欧洲公司对技术创新垄断地位。我国水泥产量与产能均占世界一半以上，水泥行业本身的技术水平、技术设备已达到世界先进水平。具体来看，我国水泥企业成功开发并使用可国产大型原料立磨、立磨减速机、大型双转子锤式破碎机、大型堆取料机、五级预热分解系统等关键技术装备，形成了具有我国自主知识产权的日产 5 000 吨、10 000 吨的新型干法水泥熟料生产线，打破了国外厂家的技术垄断。除关键的冷却机、喷墨测量等技术需要进口外，设备的国产化率已达到 90% 以上。以水泥龙头企业海螺水泥集团为例，集团开发节能减排系技术，与川崎重工共同开发了具有国际领先水平的水泥余热发电综合利用技术，直接利用水泥窑头、窑尾排放的纯低温废气进行余热回收发电，海螺水泥集团还发明了利用水泥窑协同处置生活垃圾技术，开创了水泥行业发展循环经济、打造绿色产业的新途径。与此同时，中国经济的发展步入了新常态，水泥行业的发展也到了转型升级的关键时期。“一带一路”倡议为中国企业转型升级、拓展发展空间带来千载难逢的新机遇，开启了中国企业对外直接投资的新时代。“一带一路”倡议沿线国家合作开展道路、桥梁、港口、机场等基础设施建设，仅“一带一路”倡议六大走廊建设中的高铁工程即可达 8 万多公里。“政策沟通”“设施联通”“贸易畅通”“资金融通”与“民心相通”的深入发展，将为中国水泥企业对外直接投资提供有力的政策支持、良好的经营环境。

“一带一路”倡议建设核心是互联互通，铁路、公路、港口等基础设施建设必然先行起航，水泥作为基础设施建设的基础原材料有着巨大的需求想象空间，“一带一路”倡议不仅将带动中国沿线地区水泥需求增长和水泥对外贸易，更是中国水泥企业对外直接投资的风向标。“一带一路”倡议核心要道（中亚和东南亚、南亚）水泥市场需求正处于快速增长期，成为中国水泥企业对外直接投资的主要战场。

中亚地区是古代丝绸之路的要道，作为丝绸之路经济带的核心组成部分，是中国陆上通往欧洲的必经之路。中亚包括土库曼斯坦、乌兹别克斯坦、吉尔吉斯斯坦、塔吉克斯坦、哈萨克斯坦等五个发展中国家，城镇化率不到 55%，乌兹别克斯坦、吉尔吉斯斯坦、塔吉克斯坦不足 40%，城镇化处于快速发展阶段，基础设施、城乡建设等需求具有极大的增长空间。面对中亚地区水泥市场强大的吸引力，中国水泥企业已陆续开始布局建线。华新水泥率先走入中亚地区，布局于塔吉克斯坦，2013 年投产 1 条 3 000 t/d 生产线，迅速占据全国 70%以上市场份额；上峰水泥 2014 年宣布与吉尔吉斯斯坦 ZETH 国际公司共同在当地建设一条 2 800 t/d 熟料生产线，公司持股 58%；陕西药王山水泥与哈萨克斯坦卡珀塔盖宜工程有限公司签订在哈建一条 5 000 t/d 水泥熟料线。

东南亚、南亚等新兴市场，水泥消费潜力巨大，为中国水泥企业对外直接投资提供广阔空间。东南亚是“21 世纪海上丝绸之路”首站；南亚是“21 世纪海上丝绸之路”的重要支点，其中斯里兰卡、马尔代夫、巴基斯坦是“21 世纪海上丝绸之路”的重要驿站。从城镇化发展水平看，除新加坡、文莱、马来西亚城镇化率超过 70%以外，东南亚、南亚各国城镇化率均在 55%以下，这说明多数国家仍处于城镇化发展进程之中。中国水泥企业对东南亚、南亚地区的投资最早可追溯到 20 世纪 90 年代的中老合资企业永发万荣水泥厂，不过 21 世纪头十年对外直接投资十分少见。近几年，东南亚、南亚地区由于自身的发展空间优势吸引了国外水泥巨头的投资，华新、海螺、红狮等国内水泥巨头开始明显加快向东南亚布局。2013 年 8 月，华新水泥塔吉克亚湾工厂正式点火投产，2014 年完成了对柬埔寨 CCC 公司的部分股权收购、占股 40%并成为第一大股东；华新水泥在塔吉克斯坦和柬埔寨的水泥项目 2014 年贡献了 9 亿元和 3.1 亿元的净利润。2016 年 3 月，华新水泥在塔吉克斯坦建设的第二条生产线索格特项目投产。特别是海螺水泥，其在印度尼西亚有着大手笔布局，2014 年 11 月，海螺水泥在印尼南加建设的水泥项目一期正式点火投产，吹响了海螺对外直接投资的号角。截至 2019 年底，海螺集团海外投资累计完成 125 亿元，水泥板块已经在印尼、缅甸、柬埔寨、老挝等 9 个国家和地区建成 20 多家子公司。乘着“一带一路”倡议、RCEP 等东风，海螺集团积极“走出去”，截止到 2022 年 3 月已在境外设立 40 多家企业，在印尼、缅甸、老挝等 20 多个国家和地区建立了生产线，总投资达 135 亿元。因此，中国水泥企业通过对外直接投资在一定程度上缓解了国内过剩产能。

2.2　中国产能过剩发展现状

改革开放 40 余年来，我国依靠“人口红利”和长期的高储蓄率，劳动要素和资本要素双驱动我国经济的快速发展，创造了举世瞩目的增长奇迹。但相伴而生的是我国发生了一次较一次严重的四次产能过剩危机（纪志宏、纪敏等，2018），成为我国经济可持续发展的桎梏。

2.2.1　中国产能过剩发展阶段

1. 1998—2000 年的第一轮产能过剩

1997 年亚洲金融危机爆发后，中国经济内外需求疲软，国内经济出现通货紧缩，部分行业的开工率下降 35%～45%，许多企业出现经营亏损，产品积压严重。过剩行业主要包括家电、纺织、机床、造船等。

1992 年，邓小平同志南巡讲话和中国共产党第十四次全国代表大会确立要建设有中国特色的社会主义市场经济体制，开启了一轮全国加速投资的高潮。从 1992 年至 1996 年，随着信贷的快速扩张，资产投资保持了高增长，积累了大量低效产能。但由于制度性障碍，“去产能”与“去杠杆”进展缓慢，融资结构与绩效结构不匹配，资源错配问题严重，信贷资源不断流向国有亏损行业。另一方面，过度投资引发的通货膨胀上升使得 1994—1996 年货币政策从紧，加之 1997—1998 年亚洲金融危机的外部冲击降低了需求。1997 年爆发的东南亚金融危机直接影响了中国出口贸易，从需求端压力进一步衍生到供给端，企业前期投资过度导致产能过剩等一系列问题暴露出来，必然增强了管理层进行改革的信心。当时，产能过剩主要是中下游消费品，而中上游资本密集型行业不存在明显的产能过剩，暴露出地矛盾主要包括以下三个方面：第一，国有企业亏损面大（1/3 明亏和 1/3 暗亏，1/3 盈利），很多行业产能利用率小于 40%。第二，经济体内部存在严重的三角债务问题，银行不良贷款率居高不下（20 世纪 90 年代后期，银行不良贷款率高达 30%）。第三，政府财政压力巨大，甚至出现外债压力。采取五项“去产能”措施：首先，采取“中性偏紧”的货币政策，这样倒逼企业“去杠杆”和“去产能”。二是运用行政手段推进供给侧改革：叫停重复建设，清理过剩产能，兼并倒闭落后企业，引导下岗失业人员再就业。如果选择纺织业作为改革突破口，限产压锭；强制关停煤炭、冶金等行业的“小厂小矿”等。三是企业债权转股权，金融政策兜底，由资产管理公司剥离银行债务。四是实施以增发长期建设国债为主的积极财政政策。五是需求端改革，释放新需求：房改、税改、汇改。

2. 2003—2006 年的第二轮产能过剩

加入世贸组织以来，中国经济内外需求增长强劲，一些行业投资过热，通货膨胀压力加大。2003 年初，国家发展和改革委员会指出产能过剩的主要行业有水泥、电解铝、钢铁和汽车等行业。2004 年，过剩产能进一步扩大到其他行业；2005 年，国家发展和改革委员会确定了水泥、电解铝、钢铁、铁合金、铜冶炼、焦炭、汽车、电力、电石、煤炭和纺织等 11 个产能过剩行业。这么多行业的严重产能过剩与亏损引起了中国政府的高度重视，政府出台了一些文件以警示这个问题。例如，2005 年 12 月，在北京召开的中央经济工作会议将“产能过剩行业进行结构调整”（即去产能）列为 2006 年经济工作的主要任务之一。2006 年，中国政府发布了《国务院关于加快推进产能过剩行业结构调整的通知》（国发〔2006〕11 号）。这次产能过剩的治理主要针对钢铁、电解铝、水泥三个行业的调控，采用供地、融资、核准、行政检查等手段来限制这些行业投资，但显然没有解决根本问题。

3. 2008—2013 年的第三轮产能过剩

本阶段的产能过剩出现在 2008 年全球金融危机爆发与国内市场需求萎缩的大背景下。2008 年下半年，受国际金融危机爆发的影响，中国经济增速大幅放缓，产能过剩问题迅速显现。2009 年 9 月，中国国务院发布了《关于抑制部分行业产能过剩和重复建设引导健康发展的若干意见》中指出，虽然我国的产业结构调整取得了一定的绩效，但是总体情况仍然不容乐观，区域和行业的发展仍然不协调不平衡，强调指出水泥、钢铁、平板玻璃、电解铝、多晶硅、造船、风力发电设备、煤化学工业、大豆压榨等行业产能过剩问题十分突出，迫切需要加强监管和引导，把有限的要素资源优化配置到最能发挥其效用的地方或领域。2010 年 4 月，中央又发布通知，明确水泥、钢铁、煤炭等行业淘汰落后产能的任务，建立健全约束机制、激励机制与监督机制等制度，并制定了分工表。2010 年 8 月，工业和信息化部公布了铁、钢铁、水泥、玻璃、电解铝、铁合金、铜冶炼、锌冶炼、焦炭、铅冶炼、电石、柠檬酸、酒精、味精、造纸、皮革、印染、化学纤维等 18 个工业行业中淘汰落后产能企业名录。2011 年，中国制定了“十二五”期间 19 个行业需要淘汰落后产能的目标任务，在原有 18 个行业基础上，新增铅蓄电池（极板及组装）行业。为应对全球金融危机，政府推出了一揽子经济刺激计划，其中包括新增 4 万亿元投资及振兴十大产业的规划等，试图在需求端和供给端同时发力以化解产能过剩。一方面，经济刺激计划有效地扩大了需求，有力地促进了中国经济的复苏。另一方面，短期内的投资快速扩张不可避免地加剧了产能过剩。尽管中国政府已经加大力度淘汰过剩产能，但新建的速度远远超越淘汰的速度，导致产能过剩愈发不可收拾。

4. 2013 年 10 月至今的第四轮产能过剩

中国第四次集中治理产能过剩时间为 2013 年 10 月至今。本轮严重产能过剩正是我国经济进入新常态，经济增速换挡、增长动力机制转换与需求结构急剧转变的产物。

第一，随着要素成本的持续增高、环境与资源瓶颈强化、投资效率的不断降低及全要素生产率的恶化，中国过度依靠投资拉动、粗放式规模扩张与要素驱动的增长方式将难以为继，实际投资增速将迅速下降，钢铁、建筑材料、有色金属、普通机床等传统重工业产品需求增速将显著放缓，需求峰值已经或即将到来，这些行业将在未来很长一段时间都将面临严峻的产能过剩局面。

第二，随着国民收入水平的不断提高，国民消费结构尤其是中高收入人群的消费结构快速升级，现有绝大部分商品消费需求饱和且供给过剩，而对于高品质、个性化的高端消费需求，现有供给体系却远不能满足，从而在消费品市场出现较为严重的结构性过剩。

第三，伴随土地成本、劳动力成本、资源和环境成本的迅速增加，欠发达国家的觉醒，中国低成本优势正在逐渐消失，中国劳动密集型产品、“两高一资”等传统出口产品在国际市场上正面临越来越严峻的挑战，传统出口制造业将面临长期产能过剩的压力。

基于此，本轮产能过剩虽然是结构性过剩，但涉及国民经济众多行业，又具有全面性过剩的特征；本轮产能过剩所涉及的主要行业及许多产品，其需求峰值已经或即将到来，未来需求空间已极为有限，过剩产能很难再为未来的需求增长消化，因而具有长期性的特征。较为严重的产能过剩为产业转型升级带来诸多困难的同时，其造成的金融风险正在不断累积，钢铁等严重过剩行业失业问题日趋严重，若处理不当将对国民经济甚至社会稳定造成较为严重的冲击，化解产能过剩工作既迫切又十分艰巨。2013 年，国务院发布《关于化解产能严重过剩矛盾的指导意见》，特别是在 2015 年底的中央经济工作会议，将“去产能”列为“三去一降一补”的供给侧结构性改革五大任务之首。随之在 2016 年初，国务院又确定了钢铁、煤炭为两个重点“去产能”的行业，先后印发了《关于煤炭行业化解过剩产能实现脱困发展的意见》和《关于钢铁行业化解过剩产能实现脱困发展的意见》两个文件，提出在五年内煤炭行业要减少 10 亿吨产能、钢铁行业要淘汰 1～1.5 亿吨产能的总体目标。

2019 年 5 月，国家发展和改革委员会要求做好重点领域化解产能过剩的工作。目前，除上述行业外，电力、房地产、集装箱港口等传统产业，另外光伏、LED、海水淡化、碳纤维、粉末等一些新兴产业也存在产能过剩。氮肥、磷肥、氯碱、甲醇、塑料等一度畅销的化工产品行业也存在产能过剩隐忧。从钢铁行业来看，呈现产能总量与部分产品结构性过剩的特征。钢铁行业缺乏公平竞争的市场环境，市场通过优胜劣汰机制化解和调整过剩产能的决定性作用难以有效发挥，成为当前钢铁工业化解产能过剩工作中面临的一个突出问题，主要表现在以下方面：国有钢铁企业所受环境保护和社会保障方面的约束与相应投入强度整体高于民营钢铁企业，在劳动者权益保护和社会保障方面整体上也要优于民营钢铁企业；相对民营钢铁企业，国有钢铁企业能以相对低廉的价格获取土地、资本等要素资源与获取政府补贴等优惠政策；钢铁产业政策具有显著扶持国有大型钢铁企业限制民营钢铁企业发展倾向；地方政府往往保护本地钢铁企业，在本地钢铁企业面临经营困境时会给予种种帮助。

中国钢铁行业中，国有企业得到更多政策扶持、廉价资本和资源，面临困境时能得到各级政府的扶持与救助，其中经营不善的企业由于体制机制原因难以退出。这既加重了国有钢铁企业过度产能投资的倾向，又严重阻碍过剩产能的市场调整，进而加重钢铁行业产能过剩的严重程度。从水泥行业来看，水泥行业主要呈现周期性过剩及区域结构过剩的特征，向总量绝对过剩发展的趋势日趋明显。山西、新疆、黑龙江、吉林等地区的产能过剩问题相对严重，安徽、江苏、广西、湖北等地区产能过剩情况相对较轻。西南、西北地区突击上新线、短期建设项目过于集中，水泥行业总量绝对过剩风险加大。新建产能的快速增长是较为突出的问题。此外，一些大企业为减少大气污染物排放，通过技术改选采用清洁能源并配套上马脱硝、除尘等环保设施，加大了生产成本。而一些小企业并未完善环保设施，也未受到处罚，导致不公平竞争，不利于淘汰落后产能与化解过剩产能。从船舶工业看，2013 年以来，我国船舶行业的产能利用率不断下降，目前我国船舶制造业低端船型产能严重过剩，节能环保型、高端船舶、海洋工程装备产能不足，从而呈现结构性产能过剩特征。未来较长一段时间内，液化天然气船、液化石油气船、汽车运输船、客滚船、化学品船，以及节能、减排、安全、环保型主流船舶市场需求相对较好，海洋工程装备特别是浮式海洋工程装备市场前景相对乐观，我国船舶工业产品升级压力将进一步加大。现阶段，融资困难以及在高端船舶国际市场竞争力相对不足，是我国船舶行业化解过剩产能中面临的主要困难。从太阳能光伏行业看，2013 年以来，多晶硅行业的高端产品供不应求，大量依靠进口；而在低端产品却是供大于求，产能利用率低于 40%。在全国投产的 40 多家多晶硅企业中，有近 70%的多晶硅生产设备处于停产、普遍亏损的状态。

中国产能过剩形成的主要原因：

第一，新常态下我国经济增长方式转型与世界经济深度调整是导致本轮产能过剩的直接原因。一方面，中国经济增速放缓、增长动力由要素驱动向创新驱动转换、经济结构转型升级等进行较大调整，许多传统重工业需求已经见顶或即将见顶，在未来相当长一段时间内产能严重过剩。中国经济经历了很长一段时间的快速增长之后，随着要素成本的不断提升、环境与资源瓶颈强化、投资效率的不断降低和全要素生产率的恶化，以往过度依赖投资拉动、粗放式规模扩张与要素驱动的增长方式难以为继，经济增长的方式将不得不更为依赖消费拉动、创新与效率驱动。随着投资对于工业增长拉动效力的逐渐减弱，钢铁、水泥、平板玻璃等传统重工业产品需求增速显著放缓，这些行业产能过剩严重、产能调整压力长期存在。另一方面，世界经济格局正在发生深刻变化。中国传统的（低成本）竞争优势正在逐渐丧失，出口导向型的传统制造业将在很长一段时间内面临产能过剩的压力。

第二，地方政府对投资的补贴性竞争是导致产能过剩的根本原因。在制度扭曲下，地方政府对于投资的补贴性竞争是产能过剩的最重要原因。财政分权和以考核 GDP 增长为核心的政府官员政治晋升体制，使得地方政府具有强烈干预企业投资和采用各种优惠政策招商引资的动机，尤其是对于高投入、高产出的资本密集型的行业，各级地方政府基于政绩、财政或是地方就业的考虑强烈推动这些行业的企业投资本地；而土地所有权的地方垄断、要素市场的扭曲和金融体系的软预算约束，导致地方政府为企业提供优惠价格土地、税收减免、优惠价格的资源或是直接资助等补贴措施，使得企业投资行为扭曲，进行过度的产能投资，导致产能过剩及社会福利的损失。地方政府为吸引投资和巩固地方资源，不惜以牺牲环境为代价争取资本流入，导致高污染行业产能投入过剩，进一步加重高能耗、高排放行业的产能过剩。

第三，产业政策上的不当干预成为部分行业产能过剩的重要原因。培育新兴产业一直是产业政策的一个重要目标，发达国家较为普遍的做法是保护知识产权、支持基础研究、支持企业研发与补贴绿色产品（或绿色能源）的消费。中国不仅如此，政策重点在于对企业的产能投资和生产环节的支持。中国产业政策导向意味着是否发展政策支持的产业以及多大程度发展这些产业将是考核地方政府政绩时的重要指标，同时也意味着地方政府为这些产业发展提供各种优惠政策时的政治风险小，有更强烈的动机为推动新兴产业发展提供各种优惠政策。其主要的做法有：制定有利于大型企业的发展规划；制定有利于大型企业发展和限制中小企业发展的项目审批或核准条件；制定有利于大型企业的准入条件或严格限制新企业进入；在项目审批和核准过程中照顾大型企业利益、优先核准大型企业集团的投资项目，对于中小企业进行限制；在制定生产经营规范条件（许可）时限制小企业的生存和发展；为大型企业发展提供各项优惠政策（廉价土地、能源价格优惠、财政补贴等），对于小企业发展则出台不利于其发展的政策（惩罚性的电价等）。这样使得大型企业在为政策重点支持对象，而中小企业为避免被政策限制甚至强行淘汰的对象并获得发展空间，具有强烈的规模扩张动机，这在很大程度上扭曲了企业投资行为，使得企业有强烈过度投资的倾向，并进而导致产能过剩。政策部门往往在产能利用率下降、竞争加剧的时候，强化对于中小企业的限制而保护大型企业的做法，会带来道德风险，进一步强化大型企业过度投资行为，陷入产能过剩泥潭。

在表 2-8 中，其罗列了从 2007 年到 2020 年中央经济工作会议有关产能过剩问题的论断，可见中央对于产能过剩问题是十分关注和重视。

表 2-8　2007—2020 年中央经济工作会议有关产能过剩问题论断情况

2007	加快先进适用技术推广应用，有效遏制高耗能、高排放行业过快增长，坚决淘汰落后生产能力
2008	切实淘汰落后生产能力和加快产品更新换代，增强自主创新能力和产业竞争力
2009	推进节能减排，抑制过剩产能。要强化节能减排目标责任制，加强节能减排重点工程建设，坚决管住产能过剩行业新上项目，开展低碳经济试点，努力控制温室气体排放，加强生态保护和环境治理，加快建设资源节约型、环境友好型社会
2010	严控投资产能过剩，防止新的低水平重复建设
2011	改造提升传统产业，要严格产业政策导向，进一步淘汰落后产能，促进兼并重组，推动产业布局合理化
2012	要充分利用国际金融危机形成的倒逼机制，把化解产能过剩矛盾作为工作重点，总的原则是尊重规律、分业施策、多管齐下、标本兼治。要加强对各个产能过剩行业发展趋势的预测，制定有针对性的调整和化解方案
2013	坚定不移化解产能过剩，不折不扣执行好中央化解产能过剩的决策部署。把市场在资源配置中起决定性作用和更好发挥政府作用有机结合起来，坚持通过市场竞争实现优胜劣汰
2014	从资源配置模式和宏观调控方式看，全面刺激政策的边际效果明显递减，既要全面化解产能过剩，也要通过发挥市场机制作用探索未来产业发展方向，必须全面把握总供求关系新变化，科学进行宏观调控
2015	积极稳妥化解产能过剩。要按照企业主体、政府推动、市场引导、依法处置的办法，研究制定全面配套的政策体系，因地制宜、分类有序处置，妥善处理保持社会稳定和推进结构性改革的关系。要尽可能多兼并重组、少破产清算，做好职工安置工作

续表

2016	面对增速放缓的现实，既要集中消化低端产业过剩产能，又要加快产业转型升级步伐，需要通过振兴实体经济，促进经济增长质量和效益不断提高，夯实新常态下经济平稳健康发展的新基础
2017	大力破除无效供给，把处置“僵尸企业”作为重要抓手，推动化解过剩产能；大力培育新动能，强化科技创新，推动传统产业优化升级，培育一批具有创新能力的排头兵企业，积极推进军民融合深度发展
2018	要巩固“三去一降一补”成果，推动更多产能过剩行业加快出清，降低全社会各类营商成本，加大基础设施等领域补短板力度
2019	着力推动高质量发展。要支持战略性产业发展，支持加大设备更新和技改投入，推进传统制造业优化升级。有序推进“僵尸企业”处置
2020	要加强统一规划和宏观指导，统筹好产业布局，避免新兴产业重复建设

数据来源：根据 2007—2020 年中央经济工作会议报告整理得出。

2.2.2　中国产能过剩阶段性发展的表现特征

中国产能过剩的阶段性发展主要表现为行业范围大与产业内结构性过剩、程度深与化解难的特征（万远鹏，2016；张珂，2018）。目前中国处于第四轮产能过剩后期，从化解过剩产能阶段全面转入防范产能过剩阶段。

首先，从行业范围看，中国的产能过剩在不断蔓延和扩大，传统产业与新兴产业产能过剩并存，并表现出产业内结构性过剩。据工信部公布的淘汰落后和过剩产能企业名单，2015 年过剩产能行业的范围已由以前的四个扩展到钢铁、焦炭、铁合金、铜冶炼、铅冶炼、电石、电解铝、水泥、平板玻璃、制革、造纸、印染、化纤、铅蓄电池等十九个行业。2013 年中国企业总体设备平均利用率为 72%，有 51.2%的企业设备利用率不足 75%。不仅一些传统工业行业面临着严重的产能过剩局面，作者还发现我国的产能过剩已蔓延至如多晶硅、光伏、风电等新兴与高端行业。根据有关数据显示，其中多晶硅行业 2008 年的产能利用率仅为 20%，2013 年光伏的产能利用率只有不到 60%，风机则不到 70%。高新技术光伏企业——无锡尚德，从 2001 年成立到

2010 年光伏组件产量世界第一，再到 2013 年破产重组，只用了十几年的时间。而这个高新技术行业在 2009 年就已被确定为产能过剩行业之一。除此之外，在低端产品产能过剩的情况下，部分高端产品也被发现存在产能过剩的问题，例如钢材的高端产品，如型材、中厚板、热乳宽带钢等高端产品也已出现严重的产能过剩问题。但主要集中在低层次行业。中国政府化解过剩产能的重点，主要集中在传统行业中的低水平产能上。例如，我国普通钢产能存在过剩，而特种钢却又依赖进口。对于新兴行业来说，产能过剩也是集中在其细分的层次较低端的“行业”上。经过仔细甄别，高新技术设备与产品不存在产能过剩问题。例如，新能源行业的产能过剩，过剩的是设备产能，而不是新能源。再看光伏产业，目前，光伏产业的上游制备晶体硅和下游应用系统技术要求高、投入大、利润回报高；而中游电池及其件制造，技术门槛低、利润回报低。光伏产业的电池及其组件制造环节显然被纳入了工业和信息化部 19 大产能过剩行业的治理之中。另一个例子，我国的普通浮法玻璃、单一功能加工玻璃和平板玻璃等总体已经出现了严重的产能过剩，但电视机用的大平板、玻璃基板等电子用平板玻璃则大多依赖进口。因而，产能过剩行业在本质上是低水平行业，表现出产业内的结构性过剩。

其次，从产能过剩的程度来看，通过统计数据或是企业的亏损状况的观察我们可以发现，中国所经历的产能过剩情形十分严峻。据工业和信息化部公布的产能过剩行业名单中，钢铁、水泥、平板玻璃、电解铝与船舶等行业一直被重点提及。根据世界钢协（WSA）的统计数据，2015 年全球粗钢产能已提升至 23 亿吨/年，其中我国的粗钢产能约占世界总产能的一半，然而我国钢铁行业的产能利用率不足 67%。产能过剩在钢铁行业不仅表现为产能利用率不足，钢铁企业的损失也很严重。根据中钢协的报告，2015 年前 11 个月，中国主要钢铁企业亏损 531.32 亿元，而前三季度主要钢铁企业的总亏损为 281.22 亿元。在仅仅两个月的时间里，中国钢铁工业协会统计的主要钢铁企业损失翻了一番。与此同时，钢铁企业亏损的范围一直在扩大，2015 年前 10 个月有 51 家企业报告亏损，同比新增 27 家，而亏损的钢铁企业飙升至 62 家。根据资料显示，2013 年中国实际生产电解铝 2 194 万吨，产能过剩率超过了 30%，其产能过剩程度甚至高于钢铁行业。据高盛测算，中国大约有 50%（合计：1 100 万～1 200 万吨）铝产能处于亏损状态，大约相当于全球总供应量的 25%，而只有实际减产规模能达到 100 万吨时铝价的中期前景才会转好。

再次，从中国产能过剩治理来看，我国产能过剩治理的思路也发生了一定的变化。自产能过剩成为制约我国产业结构升级的严重桎梏以来，在当前供给侧结构性改革五大任务中，“去产能”位居首位。在过去的 10 年里，中国政府频频出台治理产能过剩的政策，这些政策文件一方面有专门针对特定行业的，另一方面也有规范行业市场秩序的。以往我国的产能过剩治理呈现“一刀切”特点，对控制新增产能与淘汰落后产能实行“一刀切”的办法。一旦某一行业被确定为“过剩”或“严重过剩”后，新增产能不管再高的效率和再先进的技术，几乎没有机会进入市场进行博弈和竞争。近年来，我们观察到政府建立了产能指标置换交易市场，让新增的高效率产能有了合法进入市场的渠道。与此同时，采取了“因业施策”，不同行业对过剩产能的治理开始出现不同的思路和政策方案。在治理钢铁、电解铝等传统行业、光伏等新兴行业和区域行业（如水泥）的过剩产能时，不同程度地下放了行政权力，尤其是区域性行业，省级主管部门开始掌控产能审批与控制的权限。在产能置换的方案管理上，也采取了分类管制措施，并根据产业特点和区域特征，逐步优化“一刀切”政策。

然而，尽管中国不断加大产能过剩治理的力度，中国依然面临着相当严峻的产能过剩局面，一些在建项目和待建项目仍有很大规模。产能的快速扩张表明每年新增产能仍在不断增加，使得产能过剩治理非一朝一夕能解决，要打持久战，并要时刻关注，防止死灰复燃。在开放条件下，治理手段不能完全依赖国内政策管控和行政手段，要有国际视野，通过对外投资来化解过剩产能。

2.2.3　经济新常态对理性投资与化解过剩产能的内在要求

“新常态”是原有状态瓦解后逐渐形成的新的相对稳定状态，其形成是经济全球化影响的外因驱动和国内片面追求经济高增长的内因使然。在最近几十年的经济全球化浪潮中，欧美经济发达国家在追求高额利润动机的驱使下，为降低劳动成本将高耗能、高污染、劳动密集型生产转移到了发展中国家，同时也在很大程度上将发展中国家（特别是中国）作为其产品的重要销售市场。一方面，这起到了促进发展中国家经济发展和增加就业的作用，但同时也使发达国家的经济更多地依赖高附加值产品的生产与研发，更多地依赖于服务业与金融业，导致其国内在一定程度上出现了脱离实体经济的“产业空心化”和“产业虚拟化”倾向以及失业率居高不下、国内需求呆滞的长期状况。美国实际上已经在一定程度上认识到这个问题，并试图着手让一些产业回归，只不过，如果没有更大的利益引诱，跨国公司对此应该是不会买账的。另一方面，在服从经济发达国家主导的（特别是美国主导）经济全球化条件下，全球金融与资本市场已经更紧密地将各国的经济纳入了该体系之中。

由发展中国家从事大量的一般性商品生产，而由发达国家，特别是由美国进行高附加值产品的设计、研发、生产，以及进行金融和资本控制的格局成为世界经济的一种常态。但随着2008年美国金融危机和其后欧洲主权债务危机爆发、扩展、波及全球之后，世界经济进入了低迷格局，出现了经济呆滞和复苏缓慢的新常态。在经济全球化格局下，我国的外向型经济大部分承接的是欧美经济发达国家的低附加值加工和制造任务，尽管我国自主产品的出口也在增加，但总体上低于前者。对外贸易的增长固然在一定程度上有助于我国经济对外开放和改革的进程，但其副作用也是明显的，那就是，当出口占据GDP的较大份额时，对国外市场的依赖性也相应增强。此外，我国国内多年来各级政府在基础设施和房地产、汽车等方面的大规模投资驱动了大批量钢铁、煤炭、水泥、化工等方面的生产，造成产能过剩的失衡；而高成本、低收益、高耗能、高污染生产的增加，则导致经济增长对外部需求依赖性的增加，致使经济结构朝外向型、低附加值、低端产品或零配件制造倾斜，国际收支账面顺差与人民币升值压力增大，形成受制于美元政策变动的不利地位，加剧了我国目前新常态的形成。总之，我国在改革开放进程中片面追求GDP高增长、缺乏市场经济下必要的法制和制度建设、缺乏管理市场经济的经验等带来的经济结构失衡以及产能过剩所积累的问题，是形成“新常态”的内因。

作为发展模式的一次扬弃，经济新常态将给市场主体带来新的机遇与挑战。2014 年 12 月，中央经济工作会议提出认识新常态，适应新常态，引领新常态，是当前和今后一个时期我国经济发展的大逻辑。至此，中国经济呈现出增长减速化、形态高级化、分工复杂化、结构合理化的演变特点。同时，旧模式的惯性仍在一些经济领域中延续，形成非对称的阶段特征。最为突出的是，模仿型排浪式消费阶段已基本结束，个性化、多样化消费渐成主流，而工业部门生产还未形成有效供给，产业优化升级缓慢，新产品、新业态、新商业模式还未成为工业的主流，供给侧改革滞后于消费发展。

在新常态下构建新型工业发展模式、培育优质的制造供给能力，首先要认清新常态对产能理性投资与高效利用新的内在要求。根据众多学者之研究，中国制造要在新常态下有所作为，必须得解决产能严重过剩这一首要矛盾。作为经济旧常态的产物，产能过剩并未随着旧常态结束而自然化解，反而愈演愈烈。20 世纪 80～90 年代以来，由美国引领的全球经济一体化加深，新技术、新业态、新分工、新服务在世界范围内不断涌现。此阶段我国加快融入全球产业链分工，释放出了巨大红利，曾进入增长快车道。但是，相对乐观的国内外市场前景造成了企业的创新惰性。当时在政府主导下，资源存量快速资本化，促使具备市场势力或政治联系的企业在产品和要素市场上形成双向垄断。从而，依赖资源驱动的旧常态下，工业高速增长的背后是缺乏创新驱动的粗放式增长和数量型竞争，在位企业对产能过剩风险有较高容忍度，难以避免地形成了对产能低效投入与利用的路径依赖。

在经济新常态下，制造业转型升级的压力空前增大，企业若再低效利用产能，将难以维持盈利，旧常态下的增长逻辑已不适用。若不能走出创新驱动的质量效率型集约增长之路，我国将有大量企业破产退出。第一，世界经济增速整体放缓，外需不可能再像本轮金融危机之前十余年间那样迅猛扩张，中国经济总量已成为世界第二，边际消费倾向也明显降低，从而我国制造业产品销售已真正进入买方市场，必须考虑自身产品是否被市场需要。第二，资本、劳动力、土地等生产要素不可能再被制造业廉价使用。随着市场改革深化和政府角色转换，地方政府将进一步退出以地方保护、行业壁垒、投资优惠等为手段的政绩竞争，生产者要以规模优势赢得竞争，须基于要素价格权衡成本-收益。第三，我国消费结构正发生深刻变化，以消费新热点、新模式为主的消费升级，要求制造业企业进一步强化品牌质量战略、体现绿色科技理念、抓住细分市场，并以新技术、新业态为基础，加快与服务业的深度融合，而传统的粗放发展模式根本无法保障这些转变顺利实现。

总之，产能过剩是经济旧常态的产物，随着旧常态终结而更为突出。目前，中国工业经济要适应新常态、贯彻新发展理论、实现经济高质量发展、着力构建新发展格局，则必须加快产业转型升级步伐，使无法摆脱投资依赖、政策依赖、简单模仿创新依赖的企业退出市场，支持能够实现产能理性投资与高效利用的企业发展成为新的市场主导力量。同时，鼓励制造业企业“走出去”，促进制造业过剩资本对外输出。一方面鼓励具有自主创新能力和吸收能力的制造企业进驻发达国家，利用当地优质研发资源与环境，获得核心生产技术，促进国内制造业的技术升级，并增加对发达国家的出口规模，进而巩固和优化中国制造业的地位；另一方面，推进对发展国家的互惠投资，为中国传统产业进入该领域创造更好的条件。

第3章　对外直接投资化解产能过剩的基础理论与机理

为化解产能过剩矛盾，中国政府积极实施"走出去"战略，鼓励企业大力发展境外投资，促进产业结构升级，淘汰落后产能与转移过剩产能。本部分探讨对外投资化解产能过剩的理论依据和机理。

3.1　对外直接投资化解产能过剩的基础理论

对外直接投资转移过剩产能的理论渊源可溯源至国际产业转移的传统理论，包括马克思关于产业的国际转移论述和西方学者的国际产业转移理论，其中西方国际产业转移理论主要从国际产业转移动因与方式、基于技术作用与国际竞争优势等方面进行了分析。

马克思关于国际产业转移的主要观点有三个方面：第一，国际产业转移的前提是国际分工和世界市场的形成。一方面，分工与产业分化以及交换与产业关联，分工的细化有助于细分行业的出现，从而为产业及其中的不同行业在国家间的转移创造出更多地参与主体；另一方面，社会分工的国际化促使国际市场的形成和对外贸易的扩大。第二，生产地域分工的差异导致国际产业转移具备必然性。马克思主义经典作家全面深刻地阐述了地域分工理论。马克思指出："一个民族的生产力发展的水平，最明显地表现在该民族分工的发展程度上”。这里所指的分工既包括部门间、企业间和企业内部的分工，同时也包括“把特殊生产部门固定在国家一定地区的地域分工”。即“各个地区专门生产一种产品，有时是产品的一个品种，甚至是产品的某一部分”。第三，国际产业转移的实质是国际资本流动，内在动因是追求高额利润。在开放的国际大市场中，国界不再成为资本流动的主要障碍，而不同产业和部门之间的获利差异则成为资本流动的主要推手，亦即“资本是不断地从一个产业部门向另一个产业部门流出或流入的”。特别是，在资本主义社会中，不仅劳动力要素完全从属于资本的盈利需要，而且大部分的生产技术变革（如大机器的更新换代）都是内嵌于资本当中的，从而资本本身构成了国际产业转移的主要载体；相应地，国际市场中资本的逐利流动即为国际产业转移的内在动因。

西方学者对不同时期中的国际产业转移现象从不同角度进行了探析，得出了不少具有代表性的国际产业转移理论，主要表现在以下两个方面。

3.1.1 基于国际产业转移动因分析

1. 盈利空间的变动

史密斯（1971）分析了由企业收入空间和成本区间所共同决定的企业盈利空间的变化而导致企业区位空间迁移的现象。史密斯通过空间费用曲线与空间收入曲线来分析企业利润最大化目标下的最佳区位。史密斯认为任一追求利润最大化的企业都有寻求最大盈利空间的动力，当原区位的盈利空间在绝对缩小或相对缩小时，该企业进行区际迁移的可能性也随之增大。当产业内部大多数企业都发生迁移时，产业转移便随之发生。

2. 市场不完全性

20 世纪 60 年代，美国经济学家斯蒂芬·海默基于对美国对外直接投资情况的考察在其博士论文《国内企业的国际化经营：对外直接投资的研究》中率先提出垄断优势理论，标志着现代跨国公司理论的兴起，并于 20 世纪 70

年代经其导师金德尔伯格补充与发展而完成，故亦称为“海默—金德尔伯格传统”。垄断优势理论基于产业组织理论，认为西方传统的国际资本流动理论不足以解释跨国公司对外直接投资的现象，而面临市场不完全竞争才是跨国企业对外投资的常态。该理论的核心思想：在不完全竞争的市场条件下，拥有垄断优势（通常包括融资优势、管理优势、技术优势、获取廉价原材料的优势、规模经济或营销优势等）的跨国企业在东道国市场上能够利用自身的垄断优势在市场竞争中立于不败之地，维持较高的垄断价格和利润。因此，企业要想在与东道国企业的竞争中能脱颖而出，就必须在资金、技术、管理、规模经济或营销等方面具备垄断优势。海默和金德尔伯格以及后来的约翰逊、凯夫斯和曼斯菲尔德等西方学者还从技术与知识优势、规模经济、资金优势、营销及组织管理能力等方面对垄断优势的构成展开了相关研究。随后，邓宁将这些优势归结为“所有权优势”，并作为他的国际生产折中理论的重要组成部分。尽管垄断优势理论奠定了西方经济学对当代跨国公司国际投资研究的理论基础，但它忽视了时间与区位等因素对跨国公司的对外直接投资行为所产生的动态影响。

这一理论较好地解释了美国跨国公司在 20 世纪 50 年代以后如火如荼迅速发展、国内具有垄断优势的产业向国外转移的原因。但随着一些发展中国家经济的崛起，对发展中国家部分具有垄断优势产业的国际转移也具有一定的解释力。如中国钢铁行业相对于中亚、拉美与非洲等地区新兴国家的钢铁行业，具有一定的垄断优势，这一理论为其向这些地区进行投资提供了依据。还有一些产能过剩的新兴产业，如光伏产业和高端装备制造业甚至相对于一些发达国家也是具备垄断优势的，也为其对发达国家投资提供了依据。

3. 交易成本的存在

内部化理论（the Theory of Internalization）的渊源可以追溯到罗纳德·科斯在《企业的性质》（1937）一文中的产权理论。科斯认为市场的不完全性将使企业签订合同的签约费用以及信息收集费用等交易成本大幅增加，为了避免这些额外增加的成本，便产生了以企业内部市场取代不完全的外部市场的这一“内部化”倾向。可见，内部化便是指把市场建立在企业内部的过程。内部化理论由英国学者巴克利和卡森（1976）正式地提出来，随后加拿大学者拉格曼（Rugman）将之进一步发展。这一理论立足于科斯的产权理论，试图从外部市场的不完全性与企业内部资源配置之间的关系来阐述对外直接投资的动因，认为市场的不完全性在最终产品市场以及中间产品市场上都存在。依据这一理论，这种“中间产品”包括一般意义上的原材料、零部件以及专有技术、专利、管理及销售技术等“知识中间产品”。持这一理论的学者认为，市场的不完全性会使得这些“知识中间产品”存在定价困难，由此导致交易成本增加，而交易成本的上升则会促使企业以对外直接投资的方式开辟内部市场，以求将原本需要通过外部市场来进行的交易向内部所属企业间的交易转化。

随后，英国雷丁大学教授约翰·哈里·邓宁（1977）在吸收过去西方经济学中的各种投资理论、国际贸易理论以及产业区位理论的基础上提出了一个阐释国际生产活动的折中框架，并致力于把企业所有权优势、内部化优势及区位优势融合其中，提出了国际生产折中理论（the Eclectic Theory of International Production）。主要结论是，从事国际生产的跨国公司要同时受到所有权优势、内部化优势和区位优势三个基本要素的影响，只有同时满足这三项优势的企业才能对外直接投资。其中，内部化理论认为，内部化优势产生的前提条件是市场缺陷的存在，通过内部交易安排可能为企业节约交易费用，从而增强企业的竞争优势。在现实中，规避关税和非关税壁垒是对外直接投资的原因之一；壁垒越高，即外部交易费用越高，对外投资即内部化的意愿就越强。

4. *劳动力成本差异*

阿瑟·刘易斯（1977）在其经典著作——《国际经济秩序的演变》一书中基于赫克歇尔—俄林的要素禀赋理论较为系统地阐述了劳动密集型产业转移论，试图从劳动力成本差异的角度分析二战后部分发达国家将其部分劳动密集型产业迁移到其他发展中国家这一现象的内在动因。刘易斯认为，随着发达国家中人口自然增长率的下降以及工业的快速发展，非熟练劳动力在这些国家中会逐渐短缺，由此使得不少发达国家将部分劳动密集型产业转移到发展中国家，并从这些发展中国家进口它们所需要的劳动密集型产品。故而，刘易斯将 20 世纪 60 年代出现在发达国家与发展中国家之间的这种劳动密集型产业的跨国转移现象归因于发达国家与发展中国家之间在劳动力成本方面存在着较大差异。

此外，刘易斯（1954）不但立足于二元经济背景考察了劳动力无限供给情形下劳动力流动对落后农业部门及相对先进的工业部门的发展与扩张所产生的影响，还主张把劳动密集型产业作为产业转移的主体，从而他将产业转移与比较优势的变化联系了起来。刘易斯的这一理论随后被拉尼斯和费景汉（1961）、乔根森（1961）、哈里斯和托达罗（1970）等西方学者进一步发展。

5. 规模报酬、运输成本、历史预期等因素

以克鲁格曼（1991a，1991b，1994，1995）为代表的西方经济学家，将迪克西特与斯蒂格利茨（1977）提出的“多样性喜好”加入其国际贸易理论中，并同时还引进规模经济、不完全竞争和差异化产品等分析因素，为传统国际贸易理论注入了新的活力，使得克鲁格曼等人创立的垄断竞争贸易模型颇受西方学者青睐。此外，克鲁格曼（1998）和藤田昌久（1999）等还从企业的规模报酬递增、运输成本及生产要素流动等方面对产业转移现象进行了探讨，将区位理论运用到他们的贸易理论当中，并考察了历史和预期因素对产业区位选择所产生的相关影响。

3.1.2　基于国际产业转移方式分析

1. 依据“中心—外围”的传统国际分工框架进行

阿根廷经济学家劳尔·普雷维什提出的“中心—外围”理论（Core and Periphery Theory）认为，在传统国际分工的框架下，世界经济存在着“大的

工业中心”以及为其提供服务的“外围”成员，而拉丁美洲身处世界经济体系外围，其专门任务便是“为大的工业中心生产粮食和原材料”（1962）。普雷维什（Prebisch，1959）认为，“中心”与“外围”之间不但在整体性和生产结构上都存在着巨大差异，而且它们之间的关系还是不平等的。处于“中心”地位的发达国家不但主导了技术进步，而且还会把因技术进步而带来的高生产率成果和工业化均积聚在中心地区，由此将外围国家逐渐排斥到工业化进程之外。

2. 按照“雁行模式”进行

日本经济学家赤松要（1957）提出“雁行模式”（Flying Geese Paradigm）用来比喻日本国内产业的成长与转移过程，认为这一过程一般包括国内市场的产生、进口、国内生产、出口等四个阶段。赤松要研究发现，日本的产业大体上经历了进口—当地生产—开拓出口—出口增长等四个阶段，同时还呈现周期循环的特征。当某一产业随着自身的进口不断增加并且国内生产和出口逐渐形成时，其图形就如三只展翅飞翔大雁。依据这一理论，在一国范围内，“雁行产业发展形态”会首先在低附加值的消费品产业中出现，然后才出现在生产资料产业中，继而使整个制造业的结构呈现出雁阵变化的态势。雁行模式后来被西方经济学家作为后发工业国家以及新兴工业化地区产业发展的一般化路径，并用之说明后发国家以承接发达国家产业转移的方式而实现自身工业化后，再将这一产业进一步转移到其他欠发达国家的梯度转移过程。

3. 依照产品生命周期进行

为了克服“雁行理论”主要从后发工业国来研究产业转移这一不足，美国哈佛大学商学院教授雷蒙德·维农（1966，1979）创立了“产品生命周期理论”，并以此来探讨美国的产业转移现象。20 世纪 60 年代，维农教授在其《产品周期中的国际投资和国际贸易》一文中阐释了国际产品生命周期理论。该理论以美国为研究对象，在总结国际贸易与对外投资对美国工业结构转型影响的基础上，剖析了高度发达国家产品的国际循环，其认为：新产品常常在其生产周期的不同阶段，随着产品属性的改变会在要素禀赋不同的国家之间进行转移。随后国际产品生命周期理论不断向纵深发展，逐渐成为指导各国企业国际化经营的经典理论之一。

具体来看，维农的国际产品生命周期理论根据产品在国际市场上的动态变化将产品的生命周期划分为四个不同的阶段：创新阶段、成长阶段、成熟阶段和衰退阶段。在产品创新阶段，产品的生产成本较高、产量低，利润空间小，其生产主要在产品创新本国来进行，满足国内消费者需求。在产品成长阶段，产品的生产技术趋于成熟，生产由研发密集型转换为资本密集型，企业间的竞争激烈，产量超过国内需求，并通过出口贸易主要满足其他发达国家市场的需求。在产品成熟阶段，产品的生产技术完全成熟，达到了标准化水平，开始出现大量模仿者并生产出差异化的产品来，与产品创新与成长阶段相比产品需求价格弹性也不断提高。此时，原材料与劳动力成本成为产品价格的决定因素，生产演变为劳动密集型。创新发达国家企业面临着市场份额缩小的威胁，为了降低生产成本以获得竞争优势，产品创新发达国家开始采取对外投资的方式将产品转移到与本国消费能力相当但劳动力成本更低的欠发达国家与地区进行生产。在产品进一步标准化迈进，发展中国家开始拥有与欠发达国家较大程度的重叠产业，产品生产的区位中心开始由欠发达国家向人力要素成本更低的发展中国家转移，以实现规模经济。在该阶段，产品创新国成为该产品进口国。在产品衰退阶段，一方面，由于海外生产成本优势导致本国产品不具备优势；另一方面，由于消费习惯、市场需求等因素的变化，产品创新国开始放弃对该产品的国内生产，转而投入下一轮新产品的研发中，成为该产品的净进口国，直至该产品被新的产品完全取代，逐渐退出创始国市场。

基于动态角度，产品生命周期理论解析了美国特定时期对外直接投资产生的原因与条件，诠释了产品生产区位中心由发达国家向发展中国家转移的全过程。

产能过剩问题，说到底是一国或地区内部产品供给与需求严重失衡问题，而国际产品生命周期理论通过产品生产与消费的全球配置在一定程度上为解决产能过剩问题提供了理论支撑。一般来说，无论处于何种发展阶段的国家或地区，其经济发展过程中都不可避免地要面对内部产能过剩问题，其通过发生于产品成熟阶段和衰退阶段。由国际产品生命周期理论的延续性可知，同一产品能够在处于不同国家或地区之间接续存在。换言之，技术水平的异质性使得同一产品在不同国家或地区间的生产能力存在差别，以至于相同产品的生产在不同国家或地区能够处于产品生命周期的不同阶段。因此，为了化解国内产能过剩问题的同时延续产品的生命周期，可以扩大产品的境外销路或将该类产品过剩的生产能力或新增投资移向尚未处于成熟期的国家或地区。一方面，通过扩展国际市场空间暂时缓解内部产能过剩问题；另一方面，为产业转型升级提供积蓄资本和更新技术的过渡期。

4. 通过边际产业扩张进行

20 世纪 70 年代，日本经济学家小岛清（1978）对赤松要提出的雁行模式进行了相应拓展，在《对外直接投资论》中基于比较优势原理提出了“边际产业扩张论”。该理论更具针对性地对落后产能特别是发展中国家落后产能的对外投资行为作出了解释，是国际产品生命周期理论的延伸，它基于国际分工的成本优势及由此决定的利润率比较优势，解析了日本对外直接投资的模式，折射出日本战后特定时期的对外投资的特征。该理论的核心思想：一个国家或地区的某些产业在本国或地区已经或即将失去发展空间（即成为该国或地区的“边际产业”），而其在另一些国家或地区可能正处于优势地位或潜在优势地位。由此，为了发挥投资国和东道国的比较优势，使双方实现互利共赢，一国或地区应将自身已经处于或即将处于劣势的产业转移至该产业处于优势或具有潜在比较优势的国家或地区，并通过分析国与国之间产业转移次序，认为一国或地区所有趋于比较劣势的产业都应通过直接投资顺序进行国际转移。随后，在小岛清提出的理论基础上，Ozawa（1979）提出了“动态比较优势投资理论”。小岛清的“边际产业转移理论”主要是从宏观动态的角度，合理诠释了 20 世纪 50—80 年代日本企业对外投资的原因与特点。在 20

世纪 70—80 年代，日本集中向亚洲“四小龙”以及东亚等国家（地区）转移劳动密集型边际产业的过剩产能，在国内发展资本技术密集产业，卸下包袱发展重化工业。小岛清的“边际产业转移理论”作为比较优势理论的代表，也为广大发展中国家缺乏垄断优势又有意寻求对外投资的中小企业提供了莫大的鼓励，被誉为发展中国家对外投资理论典范。其边际产业的对外投资思想对于解决包括我国在内的发展中国家过剩产能的生存和发展问题提供了有效途径，使得过剩产能可以最大限度地实现使用价值并以循序渐进的步伐退出市场，避免因“多、快、全”式淘汰过剩产能的休克疗法给企业和经济发展带来的巨大冲击。

董小君（2014）认为“边际产业转移理论”支持下的投资是与美国“逆贸易倾向型投资”截然相反的“顺贸易倾向型投资”，贸易与投资不是一种相互替代关系，而是一种相互促进、互补的关系。基于“市场导向”，美国对外直接投资往往又是从本国的“比较优势”产业部门依次进行。这样，美国的对外投资与出口贸易形成一种抵触与排斥关系，从而形成“逆贸易倾向型投资”。与此相反的日本式对外直接投资方式为：一方面，通过将本国已丧失比较优势的产业部门依次向国外转移，有助于生产要素在有限区域内实现合理配置；另一方面，其也有助于本国（日本）发展新的产业部门和培育新的比较优势，从而使出口与对外直接投资同向增长。

在中国，随着人口红利的消失和资源环境瓶颈约束的加大，传统制造业在国内的比较优势正在逐渐丧失，但相对于世界其他发展中国家，中国传统制造业仍然具有比较优势。根据“边际产业扩张理论”，中国可以将一些在中国国内失去比较优势的产业转移到其他发展中国家，让这些产业在其他发展中国家发挥比较优势。通过这种方式，它不仅可以延长中国产业比较优势发挥的时间，获取一部分投资收益，用于国内新技术的研发，还能释放一部分国内生产因素，为其他国内具备比较优势产业提供更加广阔的发展空间，从而促进国内产业的技术进步。中国纺织品和服装、家用电器等为主的传统劳动密集产业及以钢铁、水泥为主的资本密集产业，随着我国劳动力成本的逐渐提高和产能过剩情况的日益严峻都转变为边际劣势产业，却对于“一带一路”倡议沿线许多欠发达国家具有比较优势，已经通过审核的境外经贸合作区的主导产业就涉及轻纺、服装、汽车配件、家用电器等。随着国际产能合作的深入推进，中国将会有更多优势产能向海外输出，缓解中国产能过剩的矛盾，优化产业结构，达到合作共赢的效果。根据邓宁对对外直接投资的动因归类，本书认为“边际产业转移”应该归属于市场寻求型对外直接投资。2006年，中国外经贸行业协会对中国600家跨国公司进行了问卷调查，其结果显示：占比85.5%的企业是以扩展海外市场为主要投资动机，这说明了中国绝大部分企业对外直接投资的目的是拓展市场份额。20世纪90年代以来，中国传统工业领域就陷入了产能过剩的泥潭，产能利用率较低。例如，2014年，石油加工炼焦和核燃料加工业、黑色金属冶炼和压延加工业、有色金属冶炼和压延加工业的产能利用率分别为42.27%、75.25%和60.53%。虽然这些传统的产业部门在中国已经逐渐失去了比较优势，但是可以通过外投资的方式转移到其他发展中国家，成为具有比较优势的产业，转移部分国内过剩产能。因此，海外市场的发展为国内过剩产能的转移创造了更大的发展空间。

3.1.3 基于技术作用分析

1. 小规模技术理论

该理论由美国哈佛大学教授威尔斯于1977年在《发展中国家企业的国际化》一文中提出，并在1983年出版的《第三世界跨国企业》一书中详细阐述。其认为发展中国家跨国公司的竞争优势来自低生产成本，即小规模生产技术的比较优势，这种低生产成本与其母国的市场特征相关。发展中国家跨国公司的竞争优势主要表现在：第一，小规模制造技术优势。小规模制造技术具有灵活性大、劳动密集度高、生产成本低的特点，适合小批量生产，能够提供丰富的产品，满足需求规模小、品种要求多样化的一些市场。第二，民族产品海外生产优势。发展中国家企业的对外直接投资主要是出于服务国外同一种族团体的需要，因而具有鲜明的民族特色。第三，产品的价格优势。

发展中国家企业生产出物美价廉的产品，以低于发达国家同类产品的价格迅速占据国外市场。

2. 技术地方化理论

英国经济学家拉奥于 1983 年出版了《新跨国公司：第三世界企业的发展》一书，提出了用“技术地方化理论”来解释发展中国家对外直接投资行为，针对发展中国家如何在国际竞争中取得竞争优势的问题，提出了自己的看法。其主要观点：发展中国家跨国公司的技术特征尽管表现为规模小、使用标准化技术和劳动密集型技术，但这种技术的形成却包含着企业内在的创新活动。发展中国家通过引进发达国家成熟生产技术，并结合自身的要素条件与市场需求来改进本只适用于发达经济体的生产技术，使其本地化并能够更好地适应发展中经济体的需要。企业内部进行生产技术的改进过程伴随着内在的创新活动，而发展中国家跨国公司的国际竞争优势正是来源这种内在的创新活动。

中国通过逆梯度型对外直接投资而将部分产业转移到发达国家时，可以率先接触发达国家的先进技术，经过不断与发达国家技术人员的交流、雇佣发达国家技术人员或是购买发达国家的先进技术，将学习到的技术再传入国内，根据国内需求条件和生产要素条件加以改进，使其符合国内市场需要的同时，又形成了新的竞争优势，更能适应东道国的市场需求，也能获得更多的投资收益，用于技术人才的引进与先进技术的改进，继而进一步增强自身的国际竞争力，占领更多的市场份额，也会激发更为激烈的国内市场竞争，从而迫使整条产业链积极投入改进生产技术，增强自身的竞争力，最终促进整条产业链竞争力的提升。

根据邓宁对对外直接投资的动因归类，本书认为逆梯度型对外直接投资应该归属于技术寻求型对外直接投资。2006 年中国对外经贸企业协会对我国 600 家跨国公司问卷调查，其结果显示：以寻求先进技术为主要投资动机的企业仅占到了 17.30%。随着社会经济的发展，中国企业越来越意识到技术在国际竞争中的作用，加大了发达经济体的投资，但与发展中经济体相比，其所占比重还是太小。2010 年，吉利通过收购沃尔沃，吉利生产技术和市场核心竞争力得以大幅度提升。华为集团通过在许多发达国家设置研发中心和培训中心，学习发达经济体的先进技术，培养一批研发能力强的创新人才，提升自身的创新能力和国际市场竞争力。引进世界发达经济体的先进技术，并结合企业自身的发展，将技术加以吸收与改进，使其更符合自身的发展需要，更适应发展中经济体的市场需求，从而从生产和流通两个环节促进化解过剩产能。

3. 技术创新产业升级理论

英国经济学家坎特威尔和托兰惕诺于 1990 年提出了技术创新产业升级理论。该理论认为，发展中国家对发达国家对外直接投资在产业分布和地理分布上遵循一定的规律，因而是可以预测的。在产业分布上，发展中国家往往最先投资于自然资源开发产业，之后投资于进口替代与出口导向相关产业。在地理分布上，发展中国家企业对外直接投资受到地理距离和“心理距离”的影响，会选择由近及远的对外扩张方式，遵循“周边国家—发展中国家—发达国家”的顺序进行对外直接投资。

技术创新产业升级论不仅解释了发展中国家对外投资行为，尤其是新兴工业化国家对发达国家的对外直接投资现象，而且指出发展中国家进行技术学习和积累的重要性，强调技术创新、产业升级对发展中国家对外投资和经济长远发展的决定性作用。因此，该理论更贴切发展中国家的现实，能够指导发展中国家的对外投资布局，提升与发达国家竞争的能力。新兴工业化国家和地区（新加坡、韩国等国家和中国台湾与中国香港地区）企业的海外投资基本符合上述产业选择及地理分布，并且在对发达国家的投资中也表现出较强的竞争力。

3.1.4 基于国际竞争优势分析

美国哈佛大学教授迈克尔·波特在其《国际竞争优势》一书中提出了国际竞争优势理论，该理论的主要内容包括：第一，激烈的国内竞争导致对外直接投资的产生；第二，跨国公司在对外直接投资的过程中能够获取竞争优势；第三，竞争优势主要可分为两类。一类是“低成本竞争优势”，这种优势主要来源于特殊的资源、相对容易获取的生产方法与生产技术等，容易被模仿；二类是“产品差异型竞争优势”，这种优势主要来源于对设备与技术、管理与营销等方面的创新能力，竞争对手很难仿效，而成为跨国公司重要的竞争优势。

中国在国际竞争中的主要竞争优势是“低成本竞争优势”，而“产品差异型竞争优势”居次要地位。波特认为，“低成本竞争优势”是容易被模仿。因此，在中国对外投资过程中形成的低成本竞争优势很容易被其他国家的企业模仿，从而失去原有的竞争优势。因此，中国企业要想在国际市场上长期保持竞争优势，必须从“低成本竞争优势”向“产品差异化竞争优势”转变。实施这一变革要求企业加大自身的创新投入，积极学习和改进发达国家的先进生产技术。当某企业实现竞争优势的成功转化时，会给生产同质化产品的企业带来压力，并对上游供应商的产品提出更高的要求。为了保持市场份额，获取市场利润，上游、中下游企业都会进行相关的技术创新研究，从而提升整个产业链的竞争力，促进技术进步。中国传统产业在国际市场上的竞争优势是一个典型的“低成本竞争优势”。随着人口红利的消失，劳动力成本不断上升，加之中国传统的工业部门一直被长期产能过剩所困扰，使得中国的传统产业在国际“低成本竞争优势”也逐渐被印度尼西亚、印度和其他国家所取代。因此，中国传统产业部门需要转变其国际竞争优势，而成功转变国际竞争优势的关键在于企业的技术创新。因此，中国在国际市场上的产业竞争优势的转变为一些过剩产能的化解提供了支撑。

3.2　对外直接投资化解产能过剩的作用机理

对外直接投资化解产能过剩的作用机理主要有直接和间接两种渠道。产业转移（即国内投资替代）能够直接减缓企业在国内扩张产能，是对外投资化解产能过剩的直接渠道。一方面，对外直接投资的出口创造可以增加企业产品的外部需求，从而在需求侧提升产能利用效率；另一方面，对外直接投资的技术创新效应与国际市场竞争主要通过提升企业对行业前沿技术的利用水平与企业的产品质量的提高，进而提升企业的产能利用率，这两方面成为对外直接投资化解过剩产能的间接渠道。

3.2.1 对外直接投资化解过剩产能的直接作用机理

国外学者关于对外直接投资的国际产业转移效应的论述，日本经济学家赤松要（1935）提出的雁行模式理论、阿根廷经济学家普雷维什（1949）提出的中心—外围理论、美国经济学家维农（1966）提出的产品生命周期理论及刘易斯（1978）提出的劳动密集型产业转移论都直接或间接地部分阐述了产业转移效应，但这些理论都较为笼统。有关对外直接投资对国际产业转移效应进行详细论述的是小岛清的边际产业扩张论（Kojima，1978），该理论认为边际产业的国际转移是一国对外直接投资的一个重要动因。通过对外直接投资，将国内已失去比较优势的产业转移到国外，转化为具有比较优势的产业，从而延长产业比较优势发挥作用的时间。由此可以得出以下结论：一个国家已经或即将处于比较劣势产业的对外转移有利于其新兴产业的发展。一方面，在向国外转移相对劣势产业的过程中，转移到东道国的产业可以获取东道国的廉价原材料、劳动力等生产要素，从而使成本最小化与效益最大化。另一方面，处于比较劣势的产业转移到国外可以在本国释放出一部分生产要素，因为无差异生产要素的国际流动性弱，所以只能用于其他处于劣势的国内产业转型和新产业的发展。而一些流动性强的生产要素通过对外投资转移到东道国，为投资国带来丰厚的投资收益，促进新兴产业的发展和改造传统产业。因此，一个国家应该依次将在国内丧失了比较优势的产业通过对外直接投资的方式转移出去，具备比较优势的产业仍将留在国内，这样既可以释放国内产业的发展空间，又可延长边际产业发挥比较优势的时间，还可以获得投资回报。相对于其他产业，中国工业取得了长足的发展，生产技术和管理模式相对成熟，面临人口红利逐渐消失和环境污染控制成本的上升，我国大多数工业领域已经或将处于比较劣势，但相对于其他发展中国家，这些行业仍有比较优势。因此，中国可以通过外商直接投资将这些工业产业转移到东南亚、中亚、南亚及非洲等国家，既延长这些工业产业的生命周期，又扩大国内新兴产业发展空间，更是有助于化解过剩产能。对外直接投资国际产业转移效应作用机理（见图 3-1）。

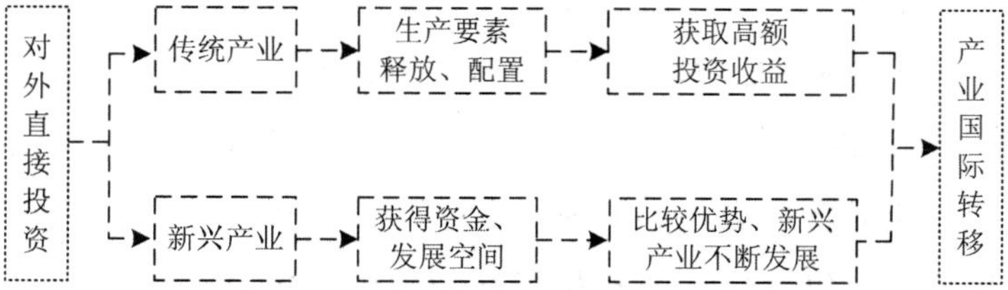

图 3-1　对外直接投资国际产业转移效应作用机理

从 20 世纪 50 年代至 90 年代，全球经历了四次大规模的国际产业转移，其演进历程（见表 3-1）。近年来，受人力和原材料成本上涨等诸多因素的影响，中国作为全球产业转移新阵地典型代表，其制造业也逐渐显现出外迁迹象。

表 3-1　全球四次产业转移演进历程表

时间	代表国家/地区	主要目的	主要途径
20 世纪 50 年代	美国	大力发展新兴技术密集型产业	将国内钢铁、纺织等传统产业转移到日本等国家
20 世纪 60 年代	美国、日本	实现化工、机械、汽车等出口导向型、资本密集型工业高速发展	将纺织业、制造业等劳动密集型产业转移到新加坡、韩国等亚洲国家和地区
20 世纪 70—80 年代	美国、日本	发展新能源、新材料、微电子等知识密集型行业	将造船、化工和钢铁等重化工业以及家电、汽车等部分资本密集型产业进一步向外转移
20 世纪 90 年代	欧、美、日	发展高新技术产业、电子信息业	将制造业转移至以中国为代表的广大发展中国家

国内一些学者实证研究也证明了对外直接投资化解产能过剩的直接作用机理，蒋冠宏和蒋殿春（2014）认为对外直接投资可以通过避开国际贸易壁垒、拓宽贸易渠道，从而促进企业的出口贸易。毛其淋和许家云（2014）通过微观层面的系统研究，结果表明对外直接投资不仅显著地提高了企业出口占销售的比重，而且还增加了企业出口的机会。赵明亮和杨蕙馨（2015）通过分析中国对“一带一路”倡议沿线国家出口数据，发现对“一带一路”倡议沿线发展中国家的出口与投资是未来一段时间内，化解我国钢铁过剩产能的重要渠道。刘航、李平、杨丹辉（2016）认为出口贸易旺盛而产生的“销售效应”会直接提高企业的产能利用率，出口贸易也会产生“学习效应”，能够提升企业对新技术的利用水平，进而改善企业的产能利用情况。张先锋、蒋慕超等（2017）利用中国A股上市公司面板数据的研究表明，削减企业过剩产能的主要突破口仍是提升对外出口贸易水平，出口企业会积极寻求更多的市场空间，以提高产能利用率；而对外直接投资可以拓展市场，拓宽海外贸易网络，这有利于企业的出口贸易。项本武（2007）研究表明对外直接投资会通过投资替代效应挤占企业在国内相对有限的资源，降低企业产品在国内的生产与销售，同时会提升企业对国内相对稀缺资源充分利用的能力，这样通过国内投资替代来缓解企业的产能过剩。

假说 H_1：对外直接投资对化解产能过剩有直接作用。

3.2.2 对外直接投资化解过剩产能的间接作用机理

1. 对外直接投资的出口创造效应

小岛清的边际产业扩张理论认为：对外直接投资与出口贸易之间关系不是相互替代的关系，而是一种创造与互补的关系。因此，一国对外直接投资有助于产品的出口。对于发达国家而言，依据小岛清边际产业扩张理论，许多发达国家将大部分耗能高、污染重的制造业转移到了其他发展中国家。因此，发达国家国内所需的制造业产品大多依赖于进口。对于发展中国家来说，因为中国是世界上最大的发展中国家，这个“大”不仅意味着人口多、地域广，更是意味着实力强，中国制造业能够生产其他发展中国家所不能生产出的产品，具有一定的比较优势。对外直接投资规模的扩大有利于出口规模的扩大，出口规模扩大是产能输出的间接效应，能够在需求侧提升中国的产能利用率，降低产能过剩指数，进而缓解产能过剩问题。此外，为了追求利润，受产品销量增加的刺激，企业将进一步扩大生产规模，并积极引进人才，增加生产技术投入，提高劳动生产效率，改善产品质量，降低生产成本，从而提升设备和资本的利用率，进一步解决产能过剩。

2. 对外直接投资的技术创新效应

技术创新效应主要影响生产环节中的产能过剩。当某一企业的生产技术取得进步时，该企业生产出来的产品在市场竞争中具有其他企业不具备的竞争优势。根据波特的国际竞争优势理论，在相当长一段时间内，该企业在同类产品中都占据优势地位，为了打破这个模式，生产同类产品的企业会积极地研发新技术，以谋求获得更多的利润，这样就提高了整个产业内的生产效率，从而促进产业内产能得到更加合理的利用。美国经济学家 Hirschman 和 Sirkin 于 1958 年提出产业之间存在前向关联与后向关联。前向关联是指企业为了生产和经营活动所投入要素而产生对其他企业生产需求的一种产业链内的下游到上游的关系。当下游企业生产效率提升、规模扩大时，上游企业的投入要素需求自然会增加。在前向关联中，取得技术进步的企业规模扩大，必然会对其相关联的上游产业的产出品亦即本产业的投入品的需求增加，而需求的增加会刺激上游产业扩大生产规模、改进生产技术以提高生产效率，并且需求的扩大会加剧产业内的企业竞争，为了抢占市场份额，上游产业会不断地创新管理理念和生产技术，进而在整个产业内占据竞争优势，有利于整条产业链生产规模的扩大和获得技术进步。后向关联是指某一产业的产成品成为其他产业的投入要素而发生的产业链间的上游到下游的关系。在后向关联中，企业生产出的产品是作为另一产业投入品的中间产品或初级产出品，当处于上游链条中的企业生产出高附加值产品，其就会对下游企业的选择提出更高的要求，会在下游企业中挑选生产效率较高的企业来进行合作，这样在一定程度上能够促进企业的优胜劣汰，淘汰部分落后过剩产能。通过产业前后关联效应，能够促进产业间生产效率的提升，从而推动产业间的产能得到更为合理的利用。Kogut 和 Chang（1991）研究发现，发展中国家通过对外直接投资可以近距离接近技术领先国家的前沿技术，不仅可以促使企业加快对国外先进技术的模仿，也有助于企业实现技术赶超。

杜威剑和李梦洁（2015）运用倾向得分匹配变权估计方法分析了对外直接投资（OFDI）对中国企业出口产品质量的影响，结果表明：OFDI 与企业出口产品质量之间存在正向因果关系。对外直接投资企业进入了更加广阔的国际资源与产品市场，国际竞争的加剧会倒逼企业增加技术创新投入、提高产品质量，进而提高产品的市场需求与溢价，最终有助于化解企业的过剩产能。杨振兵（2015）认为国际市场竞争还会加剧企业技术创新，提升企业对先进前沿技术的利用水平和提高企业的产品竞争力。

蔡跃洲和付一夫（2017）认为中国产能过剩较为严重的行业普遍存在技术停滞或倒退的现象，而随着我国供给侧结构性改革的不断深化，化解中国产能过剩的重要方式是提高企业的全要素生产率以及技术进步水平。李后建和张剑（2017）指出无论是企业的产品创新还是工艺创新都能有效提高企业产能利用率。因此，企业的技术创新是化解产能过剩的有效途径。中国国际化水平的提高以及对外直接投资战略的推进，对提升中国企业的技术水平提供了机遇。对外直接投资企业为了提高自身竞争力，往往需要在创新研发上投入更多的资金，从而促进国内企业技术进步，提供更多更加适应市场需求的优质产能。因此，对外直接投资会通过技术进步效应进一步传递到中国产能过剩行业，从而对中国产能过剩的化解产生积极影响。刘建勇和江秋丽（2019）通过实证研究表明，跨国并购能够有效缓解企业产能过剩。跨国并购提高企业技术创新能力，技术创新在跨国并购缓解企业产能过剩的过程中具有显著的中介效应。

技术创新对产能过剩的影响也可以延伸到流通环节。企业生产技术的改进不仅可以提高生产效率，而且也可以促进产品质量的提高，增加产品的技术含量和附加值。随着经济全球化和区域经济一体化的深入发展，社会生产力获得了进一步的提升，人们对产品的需求也逐渐变化，国内外市场产品需求结构也会改变，仅经过初级加工的附加值低的产品已经不能完全满足人们的需求，高附加值和高技术含量的产品在国内外市场需求中所占的比重逐年增加。在中国，高附加值和高技术含量的产品更受到消费者的欢迎，往往出现供不应求的局面。在国际上，高附加值和高技术含量的产品更符合国际市场的需要，能够在激烈竞争的国际市场中占领一席之地。我国是世界上最大的进出口贸易国，每年的出口贸易量相当可观，生产技术的改进能够显著提升我国出口商品的技术含量和附加值，使其更加符合国际市场的需求，直接输出部分产能，提升需求侧的产能利用率。

3. 国际产业竞争效应

国际产业竞争效应是指一国企业通过对外投资获得了国外先进技术、资源等，企业在国内外竞争中取得的领先优势加剧了企业所在行业的竞争，从而带动产业结构升级，提高产业国际竞争力。企业进行对外直接投资不仅有助于企业获取国外先进技术、战略资源、管理经验等，而且能促使企业加大研发力度，改进生产工艺，提升产品质量，最终使得企业获得竞争优势，在行业竞争中处于领先地位。企业竞争优势的获得对国内同行企业构成新的威胁，因而加剧同行业竞争，行业内其他企业为了巩固、拓展原有的竞争优势，在外部竞争因素的驱使下，通过加大技术研发投入，寻求技术突破，创新管理方式，降低生产成本，不断提升企业自身的综合竞争力。此外，对外进行直接投资的企业通过身体力行、示范引领，将国外规范有序的市场竞争机制引入国内，从而形成一种无形的示范效应，引发国内相关产业的变革。行业竞争的加剧与规范市场竞争机制的引入，有效地提升了企业所在行业及其他关联行业的整体素质，最终促进产业国际竞争力的提升。对外直接投资产业国际竞争效应作用机理（见图 3-2）。

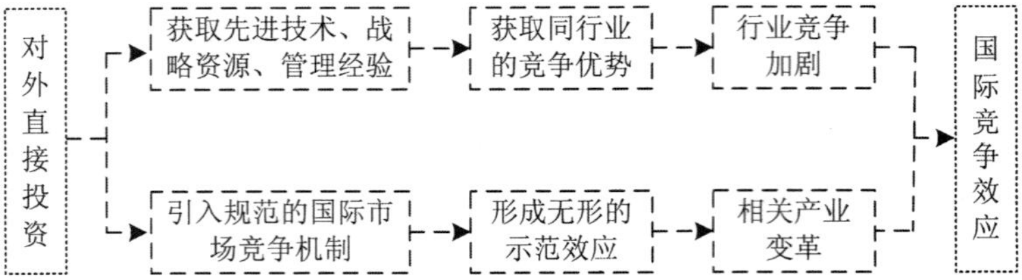

图 3-2　对外直接投资产业国际竞争效应作用机理

假说 H_2：对外直接投资对化解产能过剩有间接作用。

第4章 中国省域工业产能过剩测算与比较

4.1 中国省域工业发展的基本情况

根据马克思主义政治经济学原理，工业的生产和经营需要投入资本与劳动力。资本和劳动力的投入生产出来的产品必然进入流通环节，通过其使用价值的交换从而实现价值增值、促进经济的增长。本书将从资本与劳动力投入、工业生产总值与工业销售总值等4个方面来阐述中国31个省市区工业发展的基本情况。

4.1.1 中国工业资本投入基本情况

中国工业资本投入于2020年达到了353 369.87亿元，同比增长了3.08%。其中，如表4-1所示，东部、中部和西部地区的工业资本投入分别为173 759.30亿元、82 228.82亿元和97 381.75亿元，分别占到了总资本投入的49.17%、23.27%和27.56%，同比分别增长了4.33%、0.05%和3.10%。根据上述数据，我国企业资本投入的主要力量是东部地区，增长速度最快的是东部地区的资本投入，其次是西部地区。中国工业资本投入位列前十位的省区市是江苏、广东、山东、浙江、四川、河南、河北、山西、内蒙古和湖北。其中，工业资本投入的增长速度位列前三名分别是四川、内蒙古和湖北

（见表 4-2）。从图 4-1 中国 31 个省区市的工业资本投入分布情况来看，中国各省区市的工业资本投入参差不齐，这与主要源于每个省区市的经济发展水平与工业内结构状况相异。东部沿海省区市的经济发展水平领先于中西部内陆省区市，拥有先进的工业生产技术，而倾向于生产资本密集型产品；中西部内陆省区市的经济发展水平较为落后，工业生产技术水平也不够高，因此，资本投入不如东部沿海省区市。

表 4-1　2020 年中国东中西部地区工业资本投入情况表

地区	资本投入（亿元）	比重（%）	同比（%）
东部地区	173 759.30	49.17	4.33
中部地区	82 228.82	23.27	0.05
西部地区	97 381.75	27.56	3.10

资料来源：根据《中国工业统计年鉴—2021》整理得出。

表 4-2　2020 年中国工业资本投入前十位的省区市情况表

序号	省区市名称	资本投入（亿元）	同比（%）
1	江苏	32 401.42	3.08
2	广东	30 415.82	3.32
3	山东	25 183.96	6.53
4	浙江	21 741.62	−0.01
5	四川	17 730.34	9.86
6	河南	16 289.25	4.95
7	河北	15 794.17	−3.66
8	山西	14 281.10	5.69
9	内蒙古	13 518.82	7.01
10	湖北	12 533.09	6.86

资料来源：根据《中国工业统计年鉴——2021》整理得出。

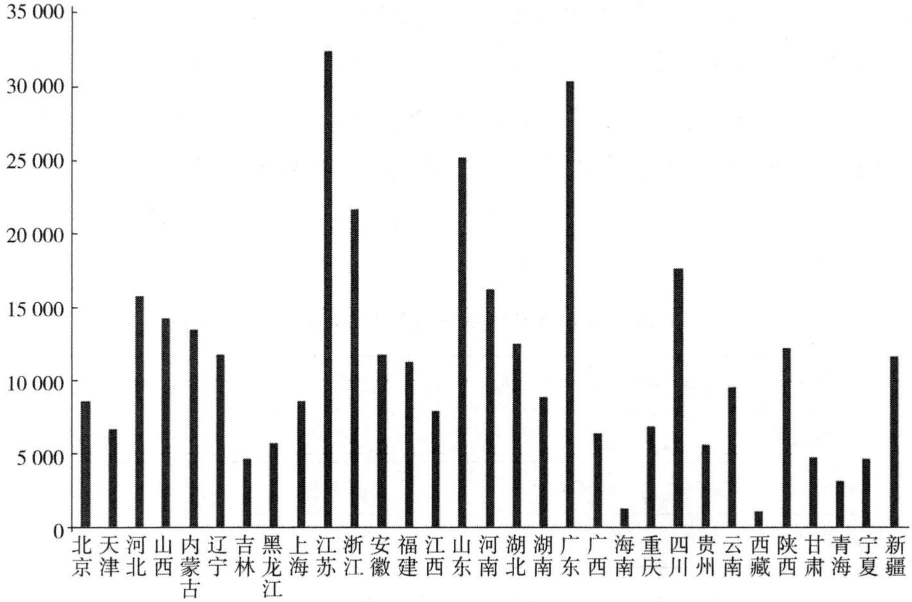

图 4-1　2020 年中国工业资本投入分省区市分布情况　（单位：亿元）

资料来源：根据《中国工业统计年鉴——2021》整理得出。

4.1.2　中国工业劳动投入基本情况

中国工业劳动投入于 2020 年达到了 7 756.09 万人，同比下降了 2.18%。其中，如表 4-3 所示，东部、中部和西部地区的工业劳动投入分别为 4 666.76 万人、1 925.96 万人和 1 163.37 万人，分别占到了总劳动投入的 60.17%、24.83%和 15.00%，同比分别下降了 2.02%、3.57%和 0.47%。根据上述数据，中国劳动投入的主要力量是东部地区企业的劳动投入，中部地区的劳动投入下降速度是最快的，东部地区次之。广东、江苏、浙江、山东、河南、福建、湖南、四川、安徽和湖北位列我国工业劳动投入的前十位（见表 4-4）。从图 4-2 中国工业劳动投入分省区市的分布情况可以看出，中国各省区市工业在劳动投入上是各不相同的，这不仅与每个省区市的经济发展水平和工资水平密不可分，也受到了每个省区市人口密度的影响。东部沿海省区市的经济发展水平领先于中西部内陆地区，工资水平也较高，劳动者更愿意去这样的地方工作。但随着人口红利的消逝及产业的向外转移，广东、福建两个东部省份工业劳动投入呈现较大负增长。西部地区地域辽阔，然而其人口密度较低，西部大部分地方生存条件恶劣、生活环境质量较差，加之经济发展落后、工资水平相对不高，所以，劳动者去西部地区工作的意愿较低。我国中部省区市正处在承接东部省区市工业转移的阶段，所以其工业劳动投入的大多有所增长。

表 4-3　2020 年中国东中西部地区工业劳动投入情况表

地区	劳动投入（万人）	比重（%）	同比（%）
东部地区	4 666.76	60.17	−2.02
中部地区	1 925.96	24.83	−3.57
西部地区	1 163.37	15.00	−0.47

资料来源：根据《中国工业统计年鉴——2021》整理得出。

表 4-4　2020 年中国工业劳动投入排名前十的省区市情况表

序号	省区市名称	劳动投入（万人）	同比（%）
1	广东	1 308.52	−5.56%
2	江苏	856.32	1.15%
3	浙江	683.75	0.71%
4	山东	550.80	−0.51%
5	河南	465.32	−4.87%
6	福建	414.33	−5.80%
7	湖南	313.05	1.50%
8	四川	302.16	1.10%
9	安徽	282.81	5.77%
10	湖北	274.51	−18.27%

资料来源：根据《中国工业统计年鉴——2021》整理得出。

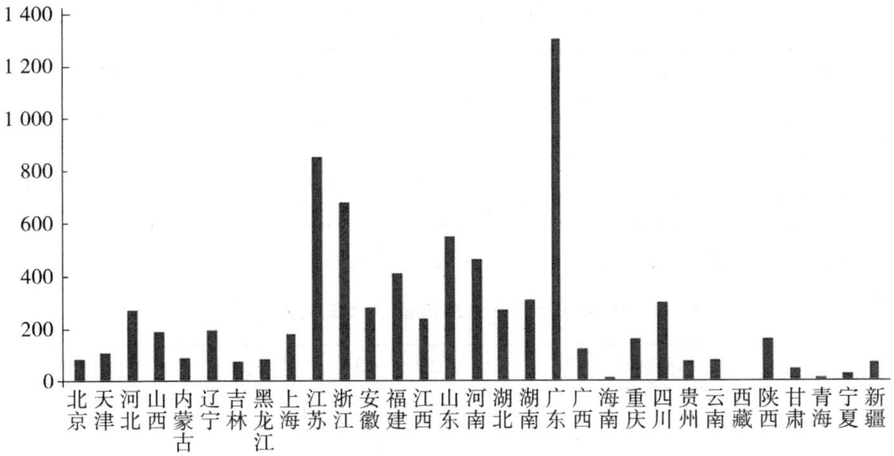

图 4-2　2020 年中国工业劳动投入分省区市分布情况（单位：万人）

资料来源：根据《中国工业统计年鉴——2021》整理得出。

4.1.3　中国工业生产情况

2020 年，中国工业生产总值为 1 271 852.64 亿元，同比下降了 1.06%。其中，如表 4-5 所示，东部、中部和西部地区的工业生产总值分别为 768 640.31亿元、318 940.85 亿元和 184 271.48 亿元，在全国工业生产总值分别占到了 60.43%、25.08%和 14.49%，同比分别下降了 1.92%、4.33%和增长了 1.61%。从上述数据可以看出，东部地区企业的工业生产总值对中国工业生产总值的贡献最大，受新冠疫情的影响，东中部地区的工业生产总值均为负增长，但西部地区为正增长。位列中国工业生产总值前十位分别为江苏、广东、山东、河南、浙江、福建、湖北、安徽、四川和江西，大多数省份为负增长，只有山东、安徽和四川三个省份保持正增长（见表 4-6 所示）。图 4-3 是 2020 年中国工业生产总值分省区市的分布情况，从图 4-3 中可以看出中国各省区市工业的生产总值是各不相同的，这与每个省区市的经济发展水平、工业资本与劳动投入等因素的影响相关。东部沿海省区市引领经济的发展，拥有较先进的生产技术，资本与劳动投入也较大。因此，其工业生产总值较大。相对而言，中西部内陆省区市的经济发展处于追赶后发状态，生产技术相对落后，工业资本和劳动投入较少，工业生产总值也就相对较低。

表 4-5　2020 年我国工业生产总值按区域分布情况

地区	工业生产总值（亿元）	比重（%）	同比（%）
东部地区	768 640.31	60.43	−1.92
中部地区	318 940.85	25.08	−4.33
西部地区	184 271.48	14.49	1.61

资料来源：根据《中国城市统计年鉴——2021》整理得出。

表 4-6　2020 年中国工业生产总值前十位的省区市情况表

序号	省区市名称	工业生产总值（亿元）	同比（%）
1	江苏	192 557.11	−0.21
2	广东	162 160.12	−1.26
3	山东	123 843.00	0.55
4	河南	86 326.98	−3.48
5	浙江	83 927.16	−0.81
6	福建	61 572.57	−2.63
7	湖北	57 599.44	−11.42
8	安徽	49 379.62	1.81
9	四川	49 090.76	0.47
10	江西	42 061.34	−0.15

资料来源：根据《中国城市统计年鉴——2021》整理得出。

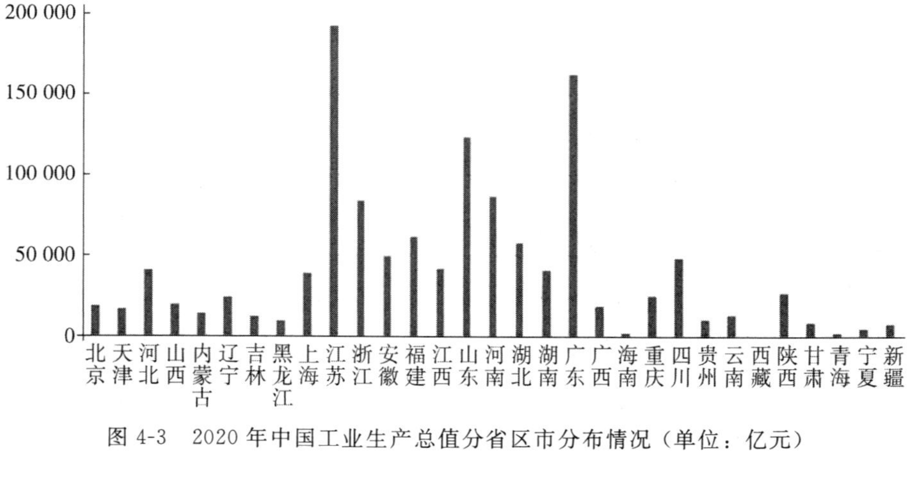

图 4-3　2020 年中国工业生产总值分省区市分布情况（单位：亿元）

资料来源：根据《中国工业统计年鉴——2021》整理得出。

4.1.4　中国工业产品销售情况

2020 年，我国工业销售总值达到了 1 322 907.3 亿元，同比增长了 1.61%。其中，如表 4-7 所示，东中西部地区的工业销售总值分别为 786 963.90亿元、325 548.39 亿元和 210 395.01 亿元，分别占到了全国工业销售总值的 59.49%、24.61% 和 15.90%，同比分别增长了 2.78%、−0.16%和 2.02%。从上述数据可以看出，中国工业销售总值中东部地区企业的工业销售总值占据主要地位，增长速度最快的是东部地区的工业销售总值，西部地区增长速度是紧随其后，而中部地区为负增长。如表 4-8 所示，位列中国工业销售总值的前十位分别是江苏、广东、山东、河南、浙江、四川、福建、湖北、安徽和河北，其中，工业销售总值的增长速度名列前三名省区市分别是江苏、四川和河北，图 4-4 为 2020 年中国工业销售总值按省区市的分布情况。从图中可以看出，中国各省区市工业的销售总值是各不相同的，主要原因是受到每个省区市的经济发展水平、居民消费水平、工资水平等因素的影响。东部沿海省区市的经济发展速度较快，居民消费水平也较高，工资水平较高。此外，东部沿海省区市生产的大部分资本密集型产品更符合市场需求，因此，其工业销售总值相对较高。相对而言，中西部内陆省市经济发展速度较慢，居民消费水平与工资水平均较低，此外，中西部内陆省区市生产的产品多为劳动密集型产品，市场竞争力较弱，因此，其工业销售总值相对较低。

表 4-7　2020 年中国工业销售总值按区域分布情况表

地区	工业销售总值（亿元）	比重（%）	同比（%）
东部地区	786 963.90	59.49	2.78
中部地区	325 548.39	24.61	−0.16
西部地区	210 395.01	15.90	2.02

资料来源：根据《中国工业统计年鉴——2021》整理推算得出。

表 4-8　2020 年中国工业销售总值前十位的省区市情况表

序号	省区市名称	工业销售总值（亿元）	同比（%）
1	江苏	200 096.33	5.79
2	广东	162 319.95	2.18
3	山东	128 780.57	4.81
4	河南	93 474.92	−2.94
5	浙江	86 404.67	3.43
6	四川	65 757.55	5.53
7	福建	59 687.43	−3.95
8	湖北	57 889.19	−9.98
9	安徽	48 961.05	3.19
10	河北	43 783.22	5.15

资料来源：根据《中国工业统计年鉴——2021》整理推算得出。

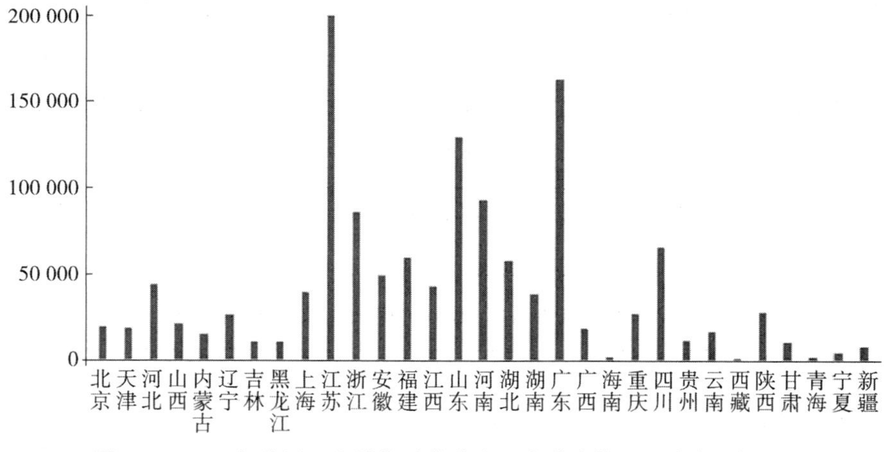

图 4-4　2020 年我国工业销售总值分省区市分布情况（单位：亿元）

资料来源：根据《中国工业统计年鉴——2021》整理得出。

4.2 相关概念阐述

根据 Kirkley 等学者（2002）的研究，产能利用率是衡量产能过剩的一项指标，其等于实际产出与潜在产出的比值。在此基础上，本书测算的产能过剩是包含生产环节和销售环节两个层面的产能过剩，故产能利用率的值等于市场实际需求与潜在生产能力的比值。同时，Kirkley 等认为产能过剩指数（$EXCA$）表示为产能利用率的倒数，即潜在产出与实际产出的比值。另外，产能过剩指数是一个单调函数，与产能利用率呈相反方向变动，即产能过剩指数越大，产能利用率越低，产能过剩程度越严重；产能过剩指数越小，产能利用率越高，产能过剩程度越低。

根据 Battese 和 Coelli（1995）的观点，在生产过程中生产技术效率（TE_i）的损失是不可避免的，因此，生产技术效率＝行业实际产出/行业潜在生产能力，即：

$$TE_i = Y_{p,i}/E[Y_{p,i}] \tag{4.1}$$

而根据上文的所述，可知产能利用率＝市场实际需求/潜在生产能力，即：

$$CU_i = Y_{d,i}/E[Y_{p,i}] \tag{4.2}$$

对式（4.1）与式（4.2）进行整理，可得到：

$$CU_i = TE_i * Y_{d,i}/Y_{p,i} \tag{4.3}$$

因此，

$$EXCA_i = \frac{1}{CU_i} = \frac{Y_{p,i}}{TE_i * Y_{d,i}} \tag{4.4}$$

其中，i 表示省（自治区、直辖市），CU_i 表示产能利用率，$Y_{d,i}$表示某一省（自治区、直辖市）的实际市场需求，$Y_{p,i}$表示某一省（自治区、直辖市）的实际产出，TE_i 表示技术效率，$EXCA_i$表示产能过剩指数。从式（4.3）中，可知某一行业的产能利用率实际上是由两个部分组成的：第一部分是行业中的生产技术效率 TE_i，当实际产出没达到最佳生产量，即实际产出小于潜在产出时，则出现了供给端的产能过剩；另一部分则是 $Y_{d,i}$与 $Y_{p,i}$之比值，即行业生产的产品在消费端的产能利用率，当出现产出大于实际市场需求时，则会出现需求端的产能过剩。

4.3 模型构建与数据说明

4.3.1 模型构建

国内外学者关于产能过剩指数的测算已经建立了比较完整的测算体系。近年来，峰值法、成本函数法、生产函数法是应用较多的方法。峰值法无法确定所谓的“顶峰”是否为真正意义上的物理和经济产能规模，即产量达到峰值时产能也未必能充分利用；成本函数法则不能很好地区分投入要素异质性；生产函数法则面临生产函数形式的确定需先检验设定规模报酬及生产函数，投入要素种类及类型的区分以及技术效率与统计噪声之间的识别等问题。参考一些学者的做法，并考虑数据的可获得性，本书选用生产函数法。在生产函数法中，随机前沿法（SFA）和数据包络法（DEA）是较为常见的两种方法，数据包络法（ DEA）的一个重要缺点是无法证明相对有效点就能代表产能充分利用的状态。本书选择随机前沿法（SFA），原因在于与数据包络法（DEA）相比，随机前沿法（SFA）统计特征比较明显，能够很好地对模型中相关参数进行检验（t 检验）和对模型本身进行检验（LR 检验），并且随机前沿法（SFA）具有随机性，这对于跨时期的面板数据研究而言，其结论与经济现实更吻合。

Aigner 和 Knox（1977）最早提出生产函数随机前沿法（SFA），模型的一般函数形式为：

$$y_i = f(k, l, \beta)\xi_i e^{v_i} \tag{4.5}$$

式中，k 和 l 分别表示资本和劳动投入，β 表示待估参数，ξ_i 为综合技术水平，$e^{v_i}>0$ 为随机冲击。Battese 和 Coelli（1995）两位学者对该模型进行了改进，并构建了超越对数生产函数形式，即考虑了时间因素，且认为技术效率会随着时间的变化而有所变动。本书运用超越对数生产函数法来测算 2001—2020

年中国 31 个省份的产能利用率，具体模型设定如下：

$$\ln y_{i,t} = \beta_0 + \beta_1 t + \frac{1}{2}\beta_2 t^2 + \beta_3 lnk_{i,t} + \beta_4 \ln l_{i,t} + \beta_5 t\ln k_{i,t} + \beta_6 t\ln l_{i,t} + \frac{1}{2}\beta_7 \ln k_{i,t}\ln l_{i,t} + \frac{1}{2}\beta_8(\ln k_{i,t})2 + \frac{1}{2}\beta_9(\ln l_{i,t})2 + v_{i,t} - u_{i.t} \quad (4.6)$$

$$u_{i,t} = u_i \exp[-\eta(t-T)] \quad (4.7)$$

$$\gamma = \sigma_u^2/(\sigma_u^2+\sigma_v^2)(0 \le \gamma \le 1) \quad (4.8)$$

$$CU_{i,t} = \frac{E[f(x_{i,t},\beta)\exp(v_{i,t}-u_{i,t})]}{E[f(x_{i,t},\beta)\exp(v_{i,t}-u_{i,t})\,|\,u_{i,t}=0]} = \exp(-u_{i,t}) \quad (4.9)$$

式中，y 表示产出，t 表示时间，i 表示省（自治区、直辖市），k 和 l 分别表示资本和劳动投入，β 表示待估参数，η 表示技术效率指数 $u_{i,t}$ 的变化率，γ 表示误差项中非效率因素所占比重。$u_{i,t}$ 和 $v_{i,t}$ 为互相独立的两个随机误差项，其中，$u_i \geq 0$ 为“无效率项”，反映行业厂商 i 离效率前沿的距离，且有 $u_i \sim N^+(0, \sigma_u^2)$，但是在原点左边断尾，$v$ 表示不可控因素冲击所造成的误差，并且有 $v \sim N(0, \sigma_v^2)$。式（4.8）中的 γ 是误差组合项模型能否成立的判定标准，因为当非效率项 u 在残差中所占比重过小，那么对非效率项的研究就没有太大的意义。当 γ 值接近于零时，表示不可控因素的冲击导致实际产出与潜在产出的差距，这时可用普通的 OLS（最小二乘法）模型就可以估计出参数值；当 γ 的值无限接近于 1 时，表示随机非效率项 u 导致实际产出与潜在产出的差距，普通的 OLS 模型无法提供非效率项 u 的值。本书采用 Frontier 4.1 软件，利用极大似然法来对中国 31 个省份工业的产能利用率进行测算。

4.3.2 模型数据说明

本书选取 2001—2020 年中国 31 个省（自治区、直辖市）工业数据作为研究样本，考虑数据的可获得性，剔除了台湾省和香港以及澳门这两个特别行政区。有关数据来自《中国工业统计年鉴》《中国统计年鉴》和《中国城市统计年鉴》。对于与价格因素相关的变量，本书统一按照 GDP 平减指数法平减为 2000 年不变价格，以剔除价格因素的影响。所有具体指标解释如下：

工业生产总值（Y）：本书采用每年的工业总产值作为产出指标，并将其按照 GDP 平减指数法平减至 2000 年的不变价格。其中，2001—2011 年的数据来源于《中国工业统计年鉴》，由于自 2011 年以后《中国工业统计年鉴》不再提供省（自治区、直辖市）细分行业的工业总产值数据，2012—2016 年各省（自治区、直辖市）的工业总产值来源于《中国城市统计年鉴》中公布的各省（自治区、直辖市）规模以上工业总产值（全市），2017—2020 年各省（自治区、直辖市）的工业总产值根据《中国城市统计年鉴》中公布的地区生产总值中工业增加值，再参照 2016 年各省（自治区、直辖市）的工业总产值和工业增加值推算出来。

劳动投入（L）：采取全部从业人员平均人数来衡量，数据来源于《中国工业统计年鉴》中各省份的数据。由于 2005 与 2013 年两年的《中国工业统计年鉴》中部分数据有所缺失。因此，假设 2005 与 2013 年的全部从业人员平均人数与上一年全部从业人员平均人数的增长率一样，这样补齐数据。

资本投入（K）：通常采用资本存量来进行衡量资本的投入，本书采用固定资产净值来表示资本存量。2001—2011 年固定资产净值可以从历年《中国工业统计年鉴》中得出，2012—2020 年的固定资产净值可通过固定资产原价减累计折旧计算得出，并将其按照 GDP 平减指数平减至 2000 年不变价格。

4.4 产能过剩指数的测算

本书基于产能利用率的测算得到产能过剩指数，所以先测算产能利用率，再计算出产能过剩指数。

从表 4-9 可以看出式（4.6）的参数估计结果。从 σ^2 来看，总体方差值为 0.186 7，这说明由误差项和无效率项引起的生产波动幅度较小。从 γ 来看，γ 的值为 0.891 6，并且在 1%的显著水平上通过检验，这说明实际产出与潜在产出的差距主要是由非效率项 u 导致的。根据极大似然估计判定规则，从极大似然估计值和单侧 LR 检验值来看，log*likelihood*＝353.122 1，LR 检验值＝516.193 3，表明模型的解释能力较强，说明模型设定得较为合理。从参数的 T 值来看，β_0、β_1 和 β_6 是在 5%的显著水平上通过检验，其他系数都 1%

的显著水平上全部通过检验，这意味着式（4.6）中的变量设置较为合理。

表 4-9　超越对数生产函数的参数估计结果

变量	系数	T 值	变量	系数	T 值
β_0	−34.715 3** (15.238 7)	−2.278 1	β_1	0.444 5** (0.185 6)	2.395 1
β_2	−0.012 54*** (0.001 8)	−6.964 9	β_3	6.4491*** (2.313 1)	2.788 1
β_4	−6.296 7*** (1.781 3)	−3.534 9	β_5	−0.048 9*** (0.015 5)	−3.156 5
β_6	0.042 0** (0.017 7)	2.375 3	β_7	1.051 6*** (0.272 2)	3.861 7
β_8	−0.481 0*** (0.172 5)	−2.788 6	β_9	−0.603 4*** (0.112 1)	−5.382 3
σ^2	0.186 7*** (0.047 8)	3.906 3	γ	0.891 6*** (0.023 3)	38.266 3
log*likelihood*=353.122 1			LR 检验值= 516.913 3		

资料来源：根据 Frontier 4.1 软件计算得出。其中括号内的值是标准差，*、**、***分别表示在 10%、5%和 1%的显著水平上通过检验。

4.4.1　供给侧产能利用率测算

供给侧产能利用率测算：将我国 31 个省（自治区、直辖市）2001—2020 年的工业相关数据输入 Frontier 4.1 软件，可以直接得出式（4.1）中的 TE_i，进一步测算供给侧的产能利用率 CU_p（见表 4-10）。从表中可以看到，工业供给侧产能利用率在 80%以上省市有北京、天津、上海、江苏、浙江、福建、山东、广东和海南，但工业供给侧产能利用率不足 70%的省（自治区、直辖市）有山西、内蒙古、辽宁、黑龙江、湖北、四川、贵州、云南、西藏、陕西、甘肃、青海、宁夏和新疆。中国大部分省（自治区、直辖市）2001—2020 年工业供给侧产能利用率年均值介于 60%～79%之间，尽管数值偏低，但呈现出逐年上升的势头，说明工业生产环节的技术损失在减少。

表 4-10　2001—2020 年中国 31 个省(自治区、直辖市)工业供给侧产能利用率(CU_p)(%)

城市	2001	2002	2003	2004	2005	2006	2007	2008	2009	2010	2011	2012	2013	2014	2015	2016	2017	2018	2019	2020
北京	88.69	88.75	88.82	88.88	88.95	89.01	89.08	89.14	89.20	89.27	89.33	89.39	89.46	89.22	89.58	89.64	89.70	89.90	90.63	90.73
天津	97.11	97.13	97.14	97.16	97.18	97.20	97.21	97.23	97.25	97.26	97.28	97.30	97.31	97.33	97.35	97.36	97.37	97.43	97.60	97.8
河北	72.09	72.23	72.38	72.52	72.67	72.81	72.96	73.10	73.24	73.38	73.53	73.67	73.81	73.95	74.08	74.22	74.45	74.85	75.02	75.56
山西	42.93	43.16	43.39	43.61	43.84	44.06	44.29	44.51	44.74	44.96	45.19	45.41	45.63	45.86	46.08	46.30	46.86	46.92	47.30	47.66
内蒙古	64.88	65.05	65.23	65.40	65.57	65.75	65.92	66.09	66.26	66.43	66.60	66.77	66.94	67.10	67.27	67.44	67.56	67.77	68.33	67.79
辽宁	65.38	65.55	65.73	65.90	66.07	66.24	66.41	66.58	66.75	66.92	67.08	67.25	67.42	67.58	67.75	67.91	67.98	67.26	68.92	68.95
吉林	77.11	77.23	77.36	77.48	77.60	77.73	77.85	77.97	78.09	78.21	78.33	78.45	78.57	78.59	78.60	78.72	78.78	79.80	79.92	79.97
黑龙江	53.80	54.01	54.22	54.43	54.63	54.84	55.04	55.25	55.45	55.66	55.86	56.06	56.26	56.47	56.67	56.87	56.96	57.66	57.88	57.92
上海	92.11	92.15	92.20	92.25	92.29	92.34	92.38	92.43	92.47	92.52	92.56	92.61	92.65	92.70	92.74	92.78	92.80	92.93	93.15	93.26
江苏	91.78	91.83	91.88	91.93	91.97	92.02	92.07	92.12	92.16	92.21	92.26	92.30	92.35	92.39	92.44	92.48	92.50	92.68	93.43	93.51
浙江	86.38	86.46	86.53	86.61	86.69	86.77	86.84	86.92	86.99	87.07	87.14	87.22	87.29	87.37	87.44	87.51	87.57	87.80	87.85	87.87
安徽	71.32	71.47	71.62	71.77	71.92	72.06	72.21	72.36	72.50	72.65	72.79	72.94	73.08	73.22	73.36	73.51	73.65	73.75	73.91	73.96
福建	85.53	85.61	85.69	85.77	85.85	85.94	86.02	86.10	86.18	86.26	86.34	86.41	86.49	86.57	86.65	86.73	87.57	87.67	88.17	88.69
江西	77.73	77.85	77.97	78.09	78.21	78.33	78.45	78.57	78.69	78.81	78.92	79.04	79.15	79.27	79.38	79.50	79.68	79.98	78.05	78.65
山东	90.75	90.80	90.85	90.91	90.96	91.02	91.07	91.12	91.17	91.23	91.28	91.33	91.38	91.43	91.48	91.53	91.73	91.98	91.79	91.83
河南	72.01	72.15	72.30	72.45	72.59	72.74	72.88	73.02	73.17	73.31	73.45	73.59	73.73	73.87	74.01	74.15	74.50	74.77	74.96	75.16

续表

城市	2001	2002	2003	2004	2005	2006	2007	2008	2009	2010	2011	2012	2013	2014	2015	2016	2017	2018	2019	2020
湖北	62.33	62.51	62.69	62.88	63.06	63.24	63.42	63.60	63.78	63.96	64.14	64.31	64.49	64.67	64.84	65.02	65.13	65.23	65.71	65.63
湖南	73.27	73.41	73.56	73.70	73.84	73.97	74.11	74.25	74.39	74.53	74.66	74.80	74.93	75.07	75.20	75.33	75.58	75.70	75.93	76.13
广东	94.49	94.52	94.56	94.59	94.62	94.65	94.68	94.72	94.75	94.78	94.81	94.84	94.87	94.90	94.94	94.97	95.19	95.35	95.67	95.87
广西	68.96	69.12	69.27	69.43	69.59	69.75	69.90	70.06	70.21	70.37	70.52	70.68	70.83	70.98	71.13	71.28	71.68	71.19	72.25	72.55
海南	98.07	98.08	98.09	98.10	98.11	98.13	98.14	98.15	98.16	98.17	98.18	98.19	98.21	98.22	98.23	98.24	98.26	98.72	98.26	98.36
重庆	73.41	73.55	73.69	73.83	73.97	74.11	74.25	74.39	74.52	74.66	74.79	74.93	75.06	75.20	75.33	75.46	75.58	75.63	75.86	75.81
四川	58.61	58.81	59.00	59.20	59.39	59.58	59.78	59.97	60.16	60.35	60.54	60.73	60.92	61.10	61.29	61.48	61.50	61.59	67.48	67.51
贵州	48.30	48.52	48.74	48.96	49.17	49.39	49.61	49.82	50.04	50.26	50.47	50.69	50.90	51.12	51.33	51.54	51.52	51.73	52.34	52.38
云南	59.92	60.11	60.30	60.49	60.68	60.87	61.05	61.24	61.43	61.62	61.80	61.99	62.17	62.36	62.54	62.72	62.86	62.71	63.21	63.39
西藏	40.58	40.81	41.03	41.26	41.49	41.72	41.94	42.17	42.40	42.63	42.85	43.08	43.31	43.53	43.76	43.98	44.63	44.88	44.98	45.28
陕西	54.90	55.10	55.31	55.51	55.71	55.92	56.12	56.32	56.52	56.72	56.92	57.12	57.32	57.52	57.72	57.92	58.08	59.72	59.92	59.96
甘肃	59.85	60.04	60.23	60.42	60.61	60.80	60.99	61.18	61.36	61.55	61.74	61.92	62.11	62.29	62.47	62.66	62.73	62.86	62.96	62.76
青海	59.88	60.07	60.26	60.45	60.64	60.83	61.02	61.20	61.39	61.58	61.76	61.95	62.13	62.32	62.50	62.68	62.88	62.95	63.02	63.71
宁夏	61.24	61.43	61.61	61.80	61.98	62.17	62.35	62.54	62.72	62.90	63.08	63.26	63.44	63.62	63.80	63.98	64.26	64.38	64.80	64.83
新疆	59.90	60.09	60.29	60.48	60.66	60.85	61.04	61.23	61.42	61.60	61.79	61.97	62.16	62.34	62.53	62.71	62.83	62.93	63.06	63.16

资料来源：根据计算所得。

4.4.2 需求侧产能利用率测算

需求侧产能利用率测算：需求侧产能利用率等于实际市场需求与实际产出之比。本书用工业销售总值表示实际市场需求，用工业总产值表示工业实际供给，因此，需求侧的产能利用率＝工业销售总值/工业总产值。工业销售总值可以从历年《中国工业统计年鉴》中获得，工业总产值的数据与上文中处理一致。将相关数据在Excel（电子表格）中进行计算，可以得出需求侧产能利用率 CU_d（见表4-11）。从结果来看，东部省（直辖市）需求侧产能利用率几乎都介于0.85～1.00之间，只有少数大于1，大于1是因为当年某一行业的产品市场供给小于需求，从而消耗了一部分上期存货的缘故。需求侧产能利用率结果说明，中国东部省（直辖市）工业在需求侧的产能利用程度较高，也从另一面反映出需求市场已经接近饱和，如果有更多的产品生产出来，亟须开拓更为广阔的消费市场。

根据公式4.3，可以计算出工业产能利用率 CU（表4-12）。利用表4-12中的数据，可计算得出2001—2020年每年各省（自治区、直辖市）的产能利用率平均值、全国的产能利用率平均值、东部地区的产能利用率平均值及中西部地区产能利用率平均值。

表 4-11　2001—2020 年中国 31 个省（自治区、直辖市）工业需求侧产能利用率（CU_d）（%）

城市	2001	2002	2003	2004	2005	2006	2007	2008	2009	2010	2011	2012	2013	2014	2015	2016	2017	2018	2019	2020
北京	98.17	99.27	97.86	111.71	97.89	99.18	98.56	98.95	98.78	98.74	98.92	99.04	98.94	98.78	99.02	98.62	99.08	99.05	99.62	99.32
天津	98.02	99.08	98.88	111.34	100.63	99.22	99.64	98.40	98.18	98.92	99.26	98.89	99.18	97.70	97.23	97.27	97.77	98.23	98.26	98.29
河北	98.05	98.48	98.52	107.17	97.95	98.21	99.23	97.30	97.39	97.74	98.08	97.79	100.37	97.94	98.61	97.64	97.04	98.26	97.95	97.85
山西	97.06	97.39	97.75	95.14	96.87	97.66	97.91	97.67	97.48	96.27	96.61	102.16	101.30	100.39	100.17	101.75	107.36	98.17	101.25	100.22
内蒙古	97.93	98.20	98.55	111.71	97.62	97.84	98.01	97.38	97.08	97.68	98.22	109.71	110.59	109.22	106.01	104.40	99.28	107.13	107.36	105.86
辽宁	97.33	98.24	98.09	108.84	98.47	98.31	98.06	97.32	97.84	97.85	98.38	99.60	99.70	99.25	101.02	103.14	99.85	101.02	103.18	106.11
吉林	96.94	97.94	97.62	97.75	90.58	95.94	96.06	97.78	96.82	98.57	98.34	103.20	103.74	103.24	104.06	103.78	103.29	105.11	107.78	107.98
黑龙江	97.61	97.90	98.11	106.14	97.33	98.52	98.66	98.30	97.88	97.21	97.20	102.05	101.97	102.38	100.09	97.47	107.55	104.01	98.75	98.15
上海	98.83	98.98	99.02	100.31	98.89	99.03	98.61	98.72	88.03	99.08	98.89	98.94	99.55	100.68	99.65	99.75	98.62	97.65	99.82	99.87
江苏	97.06	97.59	97.86	104.39	98.20	98.53	98.31	98.14	98.32	98.64	98.74	100.62	100.91	100.58	100.06	100.50	101.85	99.06	100.80	100.93
浙江	96.59	97.08	97.63	98.65	97.81	97.80	97.60	97.27	97.40	97.67	97.77	98.14	97.89	97.34	96.76	97.20	97.36	97.76	98.02	98.02
安徽	98.32	98.15	98.51	112.38	98.24	98.25	97.71	97.43	97.12	97.57	97.63	100.70	99.89	97.92	97.46	97.44	98.92	98.46	98.73	97.93
福建	96.98	97.50	97.59	93.07	97.33	96.96	97.71	97.54	97.34	97.76	97.50	97.86	97.49	97.31	97.49	97.23	97.36	97.69	97.83	97.90
江西	97.60	97.95	98.01	116.10	98.48	98.46	98.58	110.32	98.81	98.98	98.91	99.44	99.57	98.85	98.78	97.23	97.89	98.38	98.27	98.77
山东	97.77	97.77	97.93	102.35	98.23	98.43	96.29	96.46	98.51	98.57	98.49	99.47	98.73	98.84	100.13	100.15	98.77	98.91	99.01	99.45
河南	97.89	98.34	98.52	105.62	98.41	98.46	98.33	98.34	98.46	98.68	98.55	98.85	100.76	100.96	100.89	99.38	98.96	99.89	99.76	99.21

续表

城市	2001	2002	2003	2004	2005	2006	2007	2008	2009	2010	2011	2012	2013	2014	2015	2016	2017	2018	2019	2020
湖北	97.60	97.92	98.45	112.64	97.86	97.96	97.93	97.64	97.41	97.67	97.34	104.82	103.53	105.81	104.61	105.37	106.81	107.61	107.67	108.17
湖南	98.72	99.57	99.83	106.28	99.30	99.55	99.05	98.69	98.60	98.54	98.62	97.87	99.77	98.22	96.75	98.39	98.35	98.75	98.89	98.49
广东	97.62	97.85	97.27	94.46	97.50	97.65	97.83	97.13	97.09	97.46	97.63	96.88	97.36	97.04	96.91	96.62	96.77	97.97	97.65	97.81
广西	97.18	97.85	97.82	104.99	98.08	96.24	96.93	94.85	95.09	94.88	95.40	96.27	95.71	95.89	95.58	96.00	96.13	96.58	96.73	96.26
海南	95.31	97.54	96.46	82.84	98.97	97.16	98.97	98.78	99.57	98.03	98.52	98.30	91.10	96.12	97.64	94.34	96.76	96.69	98.32	98.58
重庆	97.91	98.07	97.83	101.22	98.79	98.44	97.08	97.95	98.30	98.11	97.36	97.84	98.04	98.17	97.87	98.29	98.67	99.87	99.26	99.76
四川	98.01	98.89	98.80	108.37	98.72	98.02	97.96	97.70	97.95	97.79	97.69	105.22	106.37	107.92	103.49	103.66	97.93	102.15	103.96	104.23
贵州	95.73	95.71	97.08	99.18	96.69	96.98	96.68	95.44	94.80	95.44	95.09	127.67	125.31	129.66	122.64	126.83	119.76	123.67	127.53	126.93
云南	98.61	99.00	99.36	106.37	99.28	98.38	98.31	95.18	95.86	96.65	96.75	101.33	103.95	109.95	99.05	103.51	109.56	99.55	107.51	107.73
西藏	89.32	90.97	94.02	81.66	93.81	91.69	93.59	91.84	97.21	96.53	99.51	151.27	133.56	128.31	129.87	131.23	127.21	129.89	131.73	126.33
陕西	97.17	97.69	97.59	106.44	97.74	98.15	97.49	96.98	95.92	96.91	96.52	105.84	105.80	99.52	101.93	99.38	99.57	101.98	99.77	99.87
甘肃	96.99	97.26	97.88	120.89	98.08	97.78	97.26	97.51	96.75	96.08	95.49	95.01	96.22	97.24	100.61	99.11	98.27	105.12	99.85	99.23
青海	93.32	99.55	97.15	121.60	97.38	96.37	97.11	95.12	96.02	98.24	95.09	109.45	119.69	116.25	109.58	112.26	118.73	119.26	118.72	118.87
宁夏	96.79	98.29	96.71	109.49	98.33	96.85	96.83	95.62	93.95	96.97	95.90	95.76	96.48	98.45	95.46	96.12	97.35	97.16	97.13	97.43
新疆	99.08	99.48	98.25	102.35	99.23	98.77	99.44	97.75	95.57	96.84	96.20	96.68	96.75	97.25	97.68	98.34	98.15	98.66	98.62	98.71

资料来源：根据计算所得。

表 4-12　2001—2020 年中国 31 个省(自治区、直辖市)工业产能利用率(CU)(%)

城市	2001	2002	2003	2004	2005	2006	2007	2008	2009	2010	2011	2012	2013	2014	2015	2016	2017	2018	2019	2020
北京	87.07	88.10	86.92	99.29	87.07	88.28	87.80	88.20	88.11	88.15	88.37	88.53	88.51	88.13	88.70	88.40	88.87	89.05	90.29	90.11
天津	95.19	96.24	96.05	108.18	97.79	96.44	96.86	95.67	95.48	96.21	96.56	96.22	96.51	95.09	94.65	94.70	95.20	95.71	95.90	96.13
河北	70.68	71.13	71.31	77.72	71.18	71.51	72.40	71.13	71.33	71.72	72.12	72.04	74.08	72.43	73.05	72.47	72.25	73.55	73.48	73.94
山西	41.67	42.03	42.41	41.49	42.47	43.03	43.36	43.47	43.61	43.28	43.66	46.39	46.22	46.04	46.16	47.11	50.31	46.06	47.89	47.76
内蒙古	63.54	63.88	64.28	73.06	64.01	64.33	64.61	64.36	64.33	64.89	65.41	73.25	74.03	73.29	71.31	70.41	67.07	72.60	73.36	71.76
辽宁	63.63	64.40	64.47	71.73	65.06	65.12	65.12	64.80	65.31	65.48	65.99	66.98	67.22	67.07	68.44	70.04	67.88	67.95	71.11	73.16
吉林	74.75	75.64	75.52	75.74	70.29	74.57	74.78	76.24	75.61	77.09	77.03	80.96	81.51	81.14	81.79	81.70	81.37	83.88	86.14	86.35
黑龙江	52.51	52.88	53.20	57.77	53.17	54.03	54.30	54.31	54.27	54.11	54.30	57.21	57.37	57.81	56.72	55.43	61.26	59.97	57.16	56.85
上海	91.03	91.21	91.30	92.54	91.27	91.44	91.10	91.25	81.40	91.67	91.53	91.63	92.23	93.33	92.42	92.55	91.52	90.75	92.98	93.14
江苏	89.08	89.62	89.91	95.97	90.31	90.67	90.51	90.41	90.61	90.96	91.10	92.87	93.19	92.93	92.50	92.94	94.21	91.81	94.18	94.38
浙江	83.43	83.94	84.48	85.44	84.79	84.86	84.76	84.55	84.73	85.04	85.20	85.60	85.45	85.05	84.61	85.06	85.26	85.83	86.11	86.13
安徽	70.12	70.15	70.55	80.66	70.65	70.80	70.56	70.50	70.41	70.88	71.06	73.45	73.00	71.70	71.50	71.63	72.85	72.61	72.97	72.43
福建	82.95	83.47	83.62	79.83	83.56	83.33	84.05	83.98	83.89	84.33	84.18	84.56	84.32	84.24	84.48	84.33	85.26	85.64	86.26	86.83
江西	75.86	76.25	76.42	90.66	77.02	77.12	77.34	86.68	77.75	78.01	78.06	78.60	78.81	78.36	78.41	77.30	78.00	78.68	76.70	77.68
山东	88.73	88.78	88.97	93.05	89.35	89.59	87.69	87.89	89.81	89.93	89.90	90.85	90.22	90.37	91.60	91.67	90.60	90.98	90.88	91.32
河南	70.49	70.95	71.23	76.52	71.44	71.62	71.66	71.81	72.04	72.34	72.38	72.74	74.29	74.58	74.67	73.69	73.73	74.69	74.78	74.57

续表

城市	2001	2002	2003	2004	2005	2006	2007	2008	2009	2010	2011	2012	2013	2014	2015	2016	2017	2018	2019	2020
湖北	60.83	61.21	61.72	70.83	61.71	61.95	62.11	62.10	62.13	62.47	62.43	67.41	66.77	68.43	67.83	68.51	69.57	70.19	70.75	70.99
湖南	72.33	73.09	73.43	78.33	73.32	73.64	73.41	73.28	73.35	73.44	73.63	73.21	74.76	73.73	72.76	74.12	74.33	74.75	75.09	74.98
广东	92.24	92.49	91.98	89.35	92.25	92.43	92.63	92.00	91.99	92.37	92.56	91.88	92.37	92.09	92.01	91.76	92.12	93.41	93.42	93.77
广西	67.02	67.63	67.76	72.89	68.25	67.13	67.75	66.45	66.76	66.77	67.28	68.04	67.79	68.06	67.99	68.43	68.91	68.76	69.89	69.84
海南	93.47	95.67	94.62	81.27	97.10	95.34	97.13	96.95	97.74	96.24	96.73	96.52	89.47	94.41	95.91	92.68	95.08	95.45	96.61	96.96
重庆	71.88	72.13	72.09	74.73	73.07	72.95	72.08	72.87	73.25	73.25	72.82	73.31	73.59	73.82	73.73	74.17	74.57	75.53	75.30	75.63
四川	57.44	58.16	58.29	64.16	58.63	58.40	58.56	58.59	58.93	59.02	59.14	63.90	64.80	65.94	63.43	63.73	60.23	62.91	70.15	70.37
贵州	46.24	46.44	47.32	48.56	47.54	47.90	47.96	47.55	47.44	47.97	47.99	64.72	63.78	66.28	62.95	65.37	61.70	63.97	66.75	66.49
云南	59.09	59.51	59.91	64.34	60.24	59.88	60.02	58.29	58.89	59.56	59.79	62.81	64.63	68.56	61.95	64.92	68.87	62.43	67.96	68.29
西藏	36.25	37.12	38.58	33.69	38.92	38.25	39.25	38.73	41.22	41.15	42.64	65.17	57.84	55.85	56.83	57.71	56.77	58.29	59.25	57.20
陕西	53.35	53.83	53.98	59.08	54.45	54.89	54.71	54.62	54.21	54.97	54.94	60.46	60.64	57.24	58.83	57.56	57.83	60.90	59.78	59.88
甘肃	58.05	58.39	58.95	73.04	59.45	59.45	59.32	59.66	59.37	59.14	58.96	58.83	59.76	60.57	62.85	62.10	61.64	66.08	62.87	62.28
青海	55.88	59.80	58.54	73.51	59.05	58.62	59.26	58.21	58.95	60.50	58.73	67.80	74.36	72.45	68.49	70.36	74.66	75.07	74.82	75.73
宁夏	59.27	60.38	59.58	67.66	60.94	60.21	60.37	59.80	58.93	60.99	60.49	60.58	61.21	62.63	60.90	61.50	62.56	62.55	62.94	63.16
新疆	59.35	59.78	59.23	61.90	60.19	60.10	60.70	59.85	58.70	59.65	59.44	59.91	60.14	60.63	61.08	61.67	61.67	62.09	62.19	62.35

资料来源：根据计算所得。

从图 4-5 可以看出 2001—2020 年全国产能利用率的总体情况，虽然中国工业产能利用率均值总体处于波动上升阶段，但是仍然没有走出产能过剩的困境。中国工业产能利用率在 2004 年前一直处于波动上升的态势，2004—2005 年大幅下降，2005—2010 年波动上升。这主要是由于 2004 年前中国经历了经济的调整增长，出口增长迅速、社会总需求旺盛，产能利用率得到较大幅度提升。而此后，国家调控并随之 2008 年遭遇全球金融危机，国内外需求出现大幅下滑，大量设备闲置，既有的过剩产能未能得到消化，并且我国为保国内经济增长，出台一系列刺激政策，地方政府加大投资。虽在短期内刺激经济对产能利用率具有一定提升作用，但长期来看，政策刺激所留下的"后遗症"却很难消除。根据测算结果，2005—2011 年我国产能利用率平均值为 70.56%，远低于合理标准。自 2012 年中央工作会议之后，国家密集出台去产能政策，产能过剩有所缓解，但 2012—2020 年我国产能利用率的平均值为 74.25%，仍低于合理水平。

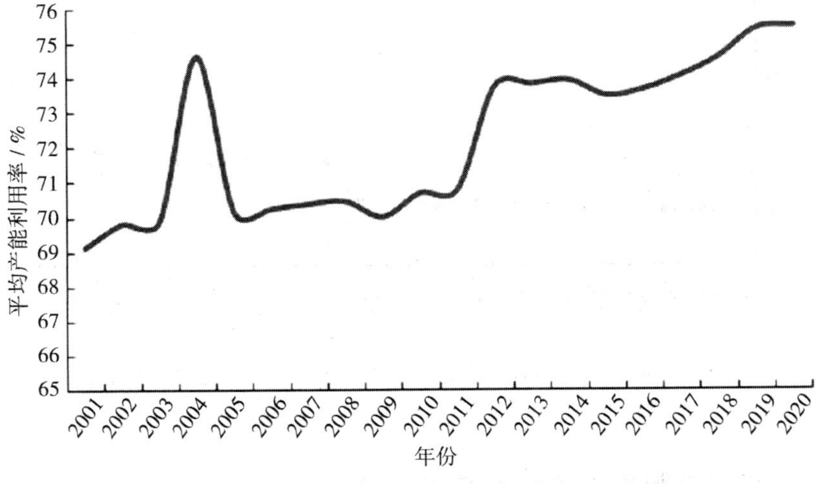

图 4-5　2001—2020 年全国平均产能利用率走势图

从图 4-6 可以看出 2001—2020 年东部地区和中西部地区[①]平均产能利用

① 东部地区：北京、天津、河北、辽宁、上海、江苏、浙江、福建、山东、广东、海南；中部地区：山西、吉林、黑龙江、安徽、江西、河南、湖北、湖南；西部地区：内蒙古、广西、重庆、四川、贵州、云南、西藏、陕西、甘肃、青海、宁夏、新疆。

率的总体情况，基本上与全国平均产能利用率的变动情况一致，但是东部地区的产能利用率水平远高于中西部地区，中西部地区存在较为严重的产能过剩，尽管 2012—2020 年差异有所减缓。依据测算结果，2001—2020 年，东部地区平均产能利用率为 86.77％，处于合理水平；东部地区经济发达，对外开放水平较高，有较为便利的出口贸易，其较大的市场需求在一定程度上提高了该区域的产能利用率。而中西部区域 2001—2020 年平均产能利用率仅为 64.23％，远远落后于东部地区。中西部地区的经济相对东部地区较为落后，一直是我国要加大力度发展的区域，但是过度的投资往往与中西部地区的市场需求不匹配，从而导致过剩的产能，因此对于中西部地区的发展投资要适度，并且要打破东部与中西部地区的市场割据态势，以缓解中西部地区的产能过剩状况。

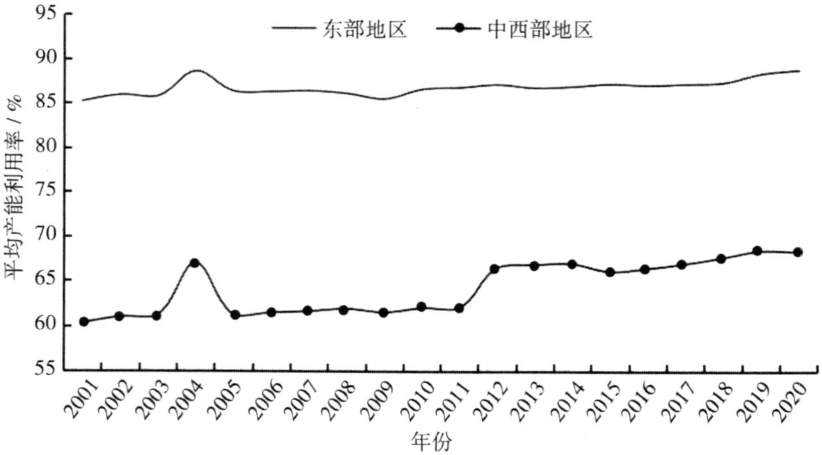

图 4-6　2001—2020 年东部地区和中西部地区平均产能利用率走势图

4.4.3　产能过剩指数的测算结果及分析

由公式 4.4 可以推算出 2001—2020 年我国 31 个省（自治区、直辖市）包含供需两侧的工业产能过剩指数，见表 4-13。如果产能过剩指数为 1，说明实际产出达到了最优水平，而如果产能过剩指数小于或大于 1 时，意味着要增加或减少产能才可以达到最优产出水平。由于最优产出水平很难实现，所以，设置实际产出水平达到了潜在产出水平的 80％及其以上就为合理产出水平。因此，当产能过剩指数介于 1.00～1.25 之间时，实现了合理产出水平。从表 4-13 中的数据可测算出 2001—2020 年平均产能过剩指数，东部大部分省（直辖市）实现了合理产出水平，其他省（自治区、直辖市）均需要减少产能才能实现产出合理水平，中西部有较多省（自治区、直辖市）至少需要减少 3/10 的产能才能达到产出合理水平。

表 4-13　2001—2020 年我国 31 个省(自治区、直辖市)工业产能过剩指数(*EXCA*)

城市	2001	2002	2003	2004	2005	2006	2007	2008	2009	2010	2011	2012	2013	2014	2015	2016	2017	2018	2019	2020
北京	1.15	1.14	1.15	1.01	1.15	1.13	1.14	1.13	1.13	1.13	1.13	1.13	1.13	1.13	1.13	1.13	1.13	1.12	1.11	1.11
天津	1.05	1.04	1.04	0.92	1.02	1.04	1.03	1.05	1.05	1.04	1.04	1.04	1.04	1.05	1.06	1.06	1.05	1.04	1.04	1.04
河北	1.41	1.41	1.40	1.29	1.40	1.40	1.38	1.41	1.40	1.39	1.39	1.39	1.35	1.38	1.37	1.38	1.38	1.36	1.36	1.35
山西	2.40	2.38	2.36	2.41	2.35	2.32	2.31	2.30	2.29	2.31	2.29	2.16	2.16	2.17	2.17	2.12	1.99	2.17	2.09	2.09
内蒙古	1.57	1.57	1.56	1.37	1.56	1.55	1.55	1.55	1.55	1.54	1.53	1.37	1.35	1.36	1.40	1.42	1.49	1.38	1.36	1.39
辽宁	1.57	1.55	1.55	1.39	1.54	1.54	1.54	1.54	1.53	1.53	1.52	1.49	1.49	1.49	1.46	1.43	1.47	1.47	1.41	1.37
吉林	1.34	1.32	1.32	1.32	1.42	1.34	1.34	1.31	1.32	1.30	1.30	1.24	1.23	1.23	1.22	1.22	1.23	1.19	1.16	1.16
黑龙江	1.90	1.89	1.88	1.73	1.88	1.85	1.84	1.84	1.84	1.85	1.84	1.75	1.74	1.73	1.76	1.80	1.63	1.67	1.75	1.76
上海	1.10	1.10	1.10	1.08	1.10	1.09	1.10	1.10	1.23	1.09	1.09	1.09	1.08	1.07	1.08	1.08	1.09	1.10	1.08	1.07
江苏	1.12	1.12	1.11	1.04	1.11	1.10	1.10	1.11	1.10	1.10	1.10	1.08	1.07	1.08	1.08	1.08	1.06	1.09	1.06	1.06
浙江	1.20	1.19	1.18	1.17	1.18	1.18	1.18	1.18	1.18	1.18	1.17	1.17	1.17	1.18	1.18	1.18	1.17	1.17	1.16	1.16
安徽	1.43	1.43	1.42	1.24	1.42	1.41	1.42	1.42	1.42	1.41	1.41	1.36	1.37	1.39	1.40	1.40	1.37	1.38	1.37	1.38
福建	1.21	1.20	1.20	1.25	1.20	1.20	1.19	1.19	1.19	1.19	1.19	1.18	1.19	1.19	1.18	1.19	1.17	1.17	1.16	1.15
江西	1.32	1.31	1.31	1.10	1.30	1.30	1.29	1.15	1.29	1.28	1.28	1.27	1.27	1.28	1.28	1.29	1.28	1.27	1.30	1.29
山东	1.13	1.13	1.12	1.07	1.12	1.12	1.14	1.14	1.11	1.11	1.11	1.10	1.11	1.11	1.09	1.09	1.10	1.10	1.10	1.10
河南	1.42	1.41	1.40	1.31	1.40	1.40	1.40	1.39	1.39	1.38	1.38	1.37	1.35	1.34	1.34	1.36	1.36	1.34	1.34	1.34
湖北	1.64	1.63	1.62	1.41	1.62	1.61	1.61	1.61	1.61	1.60	1.60	1.48	1.50	1.46	1.47	1.46	1.44	1.42	1.41	1.41
湖南	1.38	1.37	1.36	1.28	1.36	1.36	1.36	1.36	1.36	1.36	1.36	1.37	1.34	1.36	1.37	1.35	1.35	1.34	1.33	1.33
广东	1.08	1.08	1.09	1.12	1.08	1.08	1.08	1.09	1.09	1.08	1.08	1.09	1.08	1.09	1.09	1.09	1.09	1.07	1.07	1.07

续表

城市	2001	2002	2003	2004	2005	2006	2007	2008	2009	2010	2011	2012	2013	2014	2015	2016	2017	2018	2019	2020
广西	1.49	1.48	1.48	1.37	1.47	1.49	1.48	1.50	1.50	1.50	1.49	1.47	1.48	1.47	1.47	1.46	1.45	1.45	1.43	1.43
海南	1.07	1.05	1.06	1.23	1.03	1.05	1.03	1.03	1.02	1.04	1.03	1.04	1.12	1.06	1.04	1.08	1.05	1.05	1.04	1.03
重庆	1.39	1.39	1.39	1.34	1.37	1.37	1.39	1.37	1.37	1.37	1.37	1.36	1.36	1.35	1.36	1.35	1.34	1.32	1.33	1.32
四川	1.74	1.72	1.72	1.56	1.71	1.71	1.71	1.71	1.70	1.69	1.69	1.56	1.54	1.52	1.58	1.57	1.66	1.59	1.43	1.42
贵州	2.16	2.15	2.11	2.06	2.10	2.09	2.09	2.10	2.11	2.08	2.08	1.55	1.57	1.51	1.59	1.53	1.62	1.56	1.50	1.50
云南	1.69	1.68	1.67	1.55	1.66	1.67	1.67	1.72	1.70	1.68	1.67	1.59	1.55	1.46	1.61	1.54	1.45	1.60	1.47	1.46
西藏	2.76	2.69	2.59	2.97	2.57	2.61	2.55	2.58	2.43	2.43	2.35	1.53	1.73	1.79	1.76	1.73	1.76	1.72	1.69	1.75
陕西	1.87	1.86	1.85	1.69	1.84	1.82	1.83	1.83	1.84	1.82	1.82	1.65	1.65	1.75	1.70	1.74	1.73	1.64	1.67	1.67
甘肃	1.72	1.71	1.70	1.37	1.68	1.68	1.69	1.68	1.68	1.69	1.70	1.70	1.67	1.65	1.59	1.61	1.62	1.51	1.59	1.61
青海	1.79	1.67	1.71	1.36	1.69	1.71	1.69	1.72	1.70	1.65	1.70	1.47	1.34	1.38	1.46	1.42	1.34	1.33	1.34	1.32
宁夏	1.69	1.66	1.68	1.48	1.64	1.66	1.66	1.67	1.70	1.64	1.65	1.65	1.63	1.60	1.64	1.63	1.60	1.60	1.59	1.58
新疆	1.68	1.67	1.69	1.62	1.66	1.66	1.65	1.67	1.70	1.68	1.68	1.67	1.66	1.65	1.64	1.62	1.62	1.61	1.61	1.60
全国平均 *EXCA*	1.53	1.52	1.51	1.42	1.50	1.50	1.50	1.50	1.50	1.49	1.49	1.40	1.40	1.40	1.41	1.40	1.39	1.38	1.37	1.37
东部平均 *EXCA*	1.19	1.18	1.18	1.14	1.18	1.18	1.17	1.18	1.18	1.17	1.17	1.16	1.17	1.17	1.16	1.16	1.16	1.16	1.14	1.14
中西部平均 *EXCA*	1.72	1.70	1.69	1.58	1.69	1.68	1.68	1.67	1.68	1.66	1.66	1.53	1.52	1.52	1.54	1.53	1.52	1.50	1.49	1.49
西部平均 *EXCA*	1.80	1.77	1.76	1.65	1.75	1.75	1.75	1.76	1.75	1.73	1.73	1.55	1.54	1.54	1.57	1.55	1.56	1.53	1.50	1.50

资料来源：根据计算所得。

4.5 工业产能过剩指数变化

4.5.1 东中西区域产能过剩指数的变化

从表 4-13 的数据可以看出，我国大陆 31 个省（自治区、直辖市）东、中、西部地区地区间产能过剩指数差异较大。东部地区的产能过剩指数相对较低，中西部地区的产能过剩指数则较高，其中，产能过剩问题最为严重的是西部地区。根据表 4-13 的数据可以看出，中国东部、中西部的产能利用状况在整体上呈现出逐渐趋好的态势，即中国产能过剩矛盾正在缓慢化解，特别是 2015 年以来我国的产能过剩指数不断降低。这体现了我国贯彻新发展理念和推进经济高质量发展取得了实效。

4.5.2 产能过剩指数的省际演进

根据表 4-13 所测算出的我国省（自治区、直辖市）工业产能过剩指数值，把产能利用情况分为产能利用合理和产能过剩，产能利用合理（指数值为 1.00～1.25）与产能过剩（指数值 1.25 以上），针对产能过剩程度进一步划分为轻度产能过剩（指数值为 1.26～1.42）、中度产能过剩（指数值为1.43～1.66）与严重产能过剩（指数值为 1.67 以上），选取 2001、2008、2013 和 2020 年 4 个年份的数据为代表来分析我国大陆省（自治区、直辖市）产能过剩指数的情况。从表 4-13 的数据可以知：2001 年我国有 22 个省份出现了产能过剩问题，只有东部沿海的 9 个省份产能利用处于合理区间，产能过剩指数在 1.67 以上的省份较多，即为严重产能过剩，平均产能过剩指数为 1.53；2008 年产能得到合理利用的省份个数逐渐增加，且产能过剩指数在 1.67 以上的仍然有较多省份，但平均产能过剩指数下降为 1.50；2013 年产能得到合理利用的省份个数与 2008 年相比没有改变，产能过剩指数在 1.67 以上的省份个数下降至个位数，平均产能过剩指数为 1.40；2020 年产能得到合理利用的省份个数和产能过剩指数在 1.67 以上的省份与 2013 年相比没有改变，但平均产能过剩指数下降到 1.37。

4.6 我国工业产能过剩区域差异成因分析

根据上述产能利用率测算，我国工业产能利用程度在区域分布上存在较大差异，东部地区工业产能利用率高于中西部地区。产能过剩呈现聚集现象，其中以西部地区的产能过剩问题最为严重，造成这种现象的原因主要是我国各区域经济发展的不平衡性和各区域内部产业结构差异性，深层次原因为区域技术水平差异、资源禀赋差异及政策环境差异等。

4.6.1 区域经济发展的不平衡性

东部作为改革开放的前沿阵地，依靠政策红利和地缘优势，资本、劳动等流动性生产要素优先配置到东部地区，这些地区聚集了大量高生产效率与竞争力强的优秀企业而率先发展，企业凭借优质资本与劳动力，大批量具有竞争优势产品被生产出来并形成集聚优势，这促使产业发展有序、健康、快速发展，产能利用率较高。东部地区企业在完成第一产业的发展与布局后，积极寻求技术创新和产业转型升级，在国内外市场中获得了较大竞争优势，生产高新技术含量与独特的竞争力的产品，因而产能过剩现象较为微弱。相对于东部地区，中西部地区聚集的生产要素数量较少且质量较低，经济发展落后于东南沿海地区，工业大而不强，产业转型升级进展缓慢，技术创新能力不强，产能技术含量低和产品竞争力弱，导致产能过剩严重。

4.6.2 区域内部产业结构差异

我国中西部地区的工业大多为传统行业，如水泥、钢铁、电解铝、风电、石化、平板玻璃等行业出现较为严重过剩，且受自然条件、发展基础、政策环境的制约与传统观念、运作体制、经济决策的影响，使中西部地区的传统行业创新驱动和产业结构转型升级的能力弱。在东部沿海地区，高新技术产业发展起步较早，现已初具规模。近年来，在政府相关产业政策的引导下，随着企业研发投入的增加和技术的不断创新，东部沿海地区传统制造业和加工业在产业转型升级中取得了显著成效，产能利用率较高。

4.6.3 区域技术水平差异

根据古典经济增长理论，在制度性因素、储蓄率和人口增长率既定的情况下，经济增长的速度最终决定于技术进步。党的二十大报告中明确提出“必须坚持科技是第一生产力、人才是第一资源、创新是第一动力，深入实施科教兴国战略、人才强国战略、创新驱动发展战略，开辟发展新领域新赛道，不断塑造发展新动能新优势”，强调加快实施创新驱动发展战略，加快实现高水平科技自立自强，以国家战略需求为导向，集聚力量进行原创性引领性科技攻关，坚决打赢关键核心技术攻坚战，加快实施一批具有战略性全局性前瞻性的国家重大科技项目，增强自主创新能力。技术进步主要来源于自主研发和从国外引进两个方面。从自主研发能力来看，东部地区的科研机构和科技工作者要远超中西部地区，每年科研经费的大部分也是集中在东部地区，使得东部地区获得的专利数大大超过中西部地区。另外，东部地区花费在从国外引进技术上的费用也远比中西部地区多，由此导致东部地区的技术进步明显快于中西部地区。根据《2020 年全国科技经费投入统计公报》，全国 2020 年全年共投入研究与试验发展（R&D）经费 24 393.1 亿元，比上年增加 2 249.5 亿元，增长 10.2%，增速比上年回落 2.3 个百分点；研究与试验发展（R&D）经费投入强度（与国内生产总值之比）为 2.40%，比上年提高 0.16 个百分点。按研究与试验发展（R&D）人员全时工作量计算的人均经费为 46.6 万元，比上年增加 0.5 万元。分地区看，我国研究与试验发展（R&D）经费投入超过千亿元的省（市）有 8 个，分别为广东（3 479.9 亿元）、江苏（3 005.9 亿元）、北京（2 326.6 亿元）、浙江（1 859.9 亿元）、山东（1 681.9 亿元）、上海（1 615.7 亿元）、四川（1 055.3 亿元）和湖北（1 005.3 亿元），其中 6 个为东部地区且合计占比达 57.27%。研究与试验发展（R&D）经费投入强度（与地区生产总值之比）超过全国平均水平的省（市）有 7 个，分别为北京、上海、天津、广东、江苏、浙江和陕西，其中 6

个为东部地区。根据 2021 年 1 月 23 日国家知识产权局新闻发布会的数据，截至 2020 年底，中国国内（不含港澳台）发明专利拥有量共计 199.6 万件，每万人口发明专利拥有量达 14.3 件，北京、上海、江苏分别以 141.5、51.6、31.9 件名列前三名；共受理 PCT 国际专利申请 2.95 万件，同比增长 22.6%。其中，国内 2.68 万件，同比增长 20.7%。PCT 国际专利申请受理量排名前 3 位的省依次为：广东（1.09 万件）、北京（0.38 万件）、江苏（0.33 万件）。东部地区较中西部地区整体创新能力强、技术水平高，产品质量高，市场竞争力强，产能利用率自然就高。

4.6.4　资源配置与政策环境差异

我国东部与中西部存在客观和主观两方面的差异，客观方面的差异主要表现为自然地理和资源禀赋的差异，主观方面的差异体现在发展战略、政策选择的差异，还有制度演进差异等，根源在于东部与中西部地区资源配置差异。这种差异集中表现为资源配置主体、方式、环境和平台的差异等。在资源配置主体方面，东部地区由于较早地引进市场经济体制，大力发展非公有制经济，大量引进外资，资源配置的主体是企业，而且非公有制企业比重较大；而在中西部，国有经济占主体地位，非公有制企业和外资企业发展滞后，资源配置主体更多的是政府，企业尤其是非公有制企业所占比重很小。在资源配置方式方面，东部地区以市场作为资源的最主要的配置手段，而中西部地区市场在资源配置方面的作用比较薄弱，政府占据了主导地位。在资源配置环境方面，东部地区在改革开放初期，获得了在经济制度改革、财政金融政策改革、对外引进外资与对外投资、外贸便利等方面的先行先试的权利，即国家给予多方面的优惠政策，包括投资政策、税收豁免、财政自主权、更大的管理经济的权力等，这些政策极大地提高了东部地区吸引国内外资源和要素的能力，占据了优先发展的先机；而中西部地区，很难享受到诸如东部发展初期的诸多优惠，政策上的先发优势与后发劣势加剧了差距的扩大。在资源配置平台方面，东部地区在发展初期以“特区”为龙头，形成了不同的经济板块，各板块之间的相互辐射和合作，形成了诸如“珠三角”“长三角”

等经济发展平台，极大程度上实现了资源的优化配置，产能利用率高；而中西部地区发展更多的是单兵作战，各省际、各地区之间的合作较少，缺少更广阔的经济发展平台，加之产业结构单一、交易成本较高、技术创新乏力，生产率水平较低，产能过剩情况严峻。

4.7 小结

4.7.1 主要结论

基于 2001—2020 年省际面板数据，构建了超越对数的生产模型，运用 SFA 方法及市场实际需求与工业生产总值之间的比值，从供求两端测算了我国 31 个省际工业产能利用率，在产能利用率的基础上测算了产能过剩指数。主要结论如下：

第一，整体来看，2001—2020 年中国工业平均产能利用率为 72.22%（平均产能过剩指数为 1.38），存在轻度产能过剩。从区域来看，存在着较大的地区差异，东部地区绝大部分省份的产能利用合理，平均产能利用率为 86.77%（平均产能过剩指数为 1.15），且 2001—2020 年工业平均产能利用率高于 90%从高到低依次为天津、海南、广东、江苏、上海和山东等 6 省份（市）；中部地区和西部地区都出现了产能过剩问题，2001—2020 年工业平均产能利用率为 64.22%（平均产能过剩指数为 1.58），且中部地区绝大部分省为中度产能过剩，西部地区绝大部分省份出现了严重的产能过剩，2001—2020 年工业平均产能利用率低于 60%从低到高依次为山西、西藏、贵州、黑龙江、陕西、新疆等 6 省份（自治区）。

第二，我国产能过剩指数总体上呈下降趋势，即产能过剩问题随着时间的推移略有缓解。但是，一些学者新近研究表明，我国传统行业的产能过剩未完全解决的情况下，新兴产业又处于产能过剩的凸显位置，成为新发展格局下中国经济高质量发展和高质量对外开放的制约因素。

4.7.2　对策建议

基于上述结论和我国工业产能过剩区域差异的原因提出如下对策建议：

“加快构建以国内大循环为主体、国内国际双循环相互促进”的新发展格局是党中央审时度势提出的重大战略部署，为此，要坚持独立自主与高水平对外开放相结合。这将有效化解我国产能过剩“痼疾”必须遵循“双循环”发展理念，协调区域经济发展平衡和推进高质量对外开放。

第一，立足国内大循环，协调区域经济发展，减少体制性障碍。以习近平新时代区域协调发展重要论述引领我国区域协调发展，要畅通国内大循环，构建国内大市场，平衡地区经济发展，优化产业结构，有效化解我国过剩产能，必须打通国内大循环中的各种堵点，为此，要深化财税体制改革和加强区域间的政策协调性。完善财税分权制度，聚焦中央与地方财税权与事权的科学划分改革财税制度，重新调整财税分权基础与比例，加大国家公共转移支付力度，助力中西部地区经济发展和产业结构调整。加强市场机制建设负面清单制度，充分发挥市场在资源配置中的决定作用，建立健全市场准入和退出机制，构建畅通的东中西部地区人财物合理流通的体系，形成统一的开放的国内大市场；要不断加强区域间的政策协调性，减少体制性障碍，强化区域分工协作，优化区域经济布局，为国内大市场有效发挥作用提供制度保障，依托强大的国内市场化解产能过剩问题。

第二，加大创新研发费用投入，协调区域科技发展水平，合理布局各区域产业结构。加大创新研发费用投入，助力创新推动区域科技发展战略，大力推进粤港澳大湾区建设、京津冀协同发展、长江经济带发展等战略实施，构建以科技创新为引领的现代产业体系，聚焦“卡脖子”技术，取得更多原创性、有价值的成果，为国家争光争气，打造大区域创新平台和高质量发展增长极。同时，要着力开创中部地区崛起新局面，推进西部大开发形成新格局，推动东北振兴取得新突破，鼓励东部地区加快推进现代化，支持特殊类型地区发展，有序推进东部沿海产业向中西部地区转移，促进东中西、南北方产业协调高质量发展。创新能力较强的东部省（直辖市），先行先试各类创新体制机制，推动战略性新兴产业的聚集和高新技术产业链的完善；创新能力处于中等水平的中部省份，应发挥比较优势，加大优惠政策的力度，简化政策兑现的手续，以吸引更多高水平人才和高新技术企业落户；创新能力较差的西部省（自治区、直辖市），不可盲目模仿经济发展水平较发达省（直辖市）的政策，而应集中资金和精力切实引导和帮扶域内大型企业积极开展新技术、新工艺或新产品的引进吸收，尽快提升经营业绩，以吸纳更多就业及完善周边配套产业，并最终在某些产业领域形成比较优势，淘汰过剩产能。

第三，推进高质量国际投资与区域制造业分工优化相融合、协调发展。推进高质量国际投资是新发展格局下国内国际双循环相互促进的必然要求，也是实施区域协调发展战略的重要举措。由于中国各区域经济发展水平差异很大，这必然要求各区域在充分考虑自身实际的基础上，借助外商投资来提升当地制造业竞争力，以此为承接具有比较优势的国际制造业转移创造有利条件。东部地区作为中国制造业发展的“领头羊”，通过实施技术导向和效率导向等多样化对外投资战略，在将传统制造业的加工环节转移出去的同时，拓宽现代制造业发展的空间，率先实现制造业结构升级和成为中国利用高端制造业的“排头兵”，要以创新引领率先实现优化发展。中西部地区制造业基础普遍薄弱，在短期内难以形成对高端制造业进入吸引力，需要在承接东部地区制造业转移中来实现制造业更高层次的发展，并借助一些国家战略适时开展对外投资，促进产业结构升级和形成承接国际高端制造业的后发优势。

通过对外投资能促进国内区域间制造业平衡发展。尽管东部地区在对外投资动机上存在较大差异，但均能通过各自途径对其制造业结构产生间接影响，采取有效的区域转移策略，既有利于实现东部地区发展模式转变和市场扩张目标，同时也能促进中西部地区承接的制造业的资本与所在地市场潜力和要素禀赋相结合，实现跨越式发展。因此，加快实施多重动机导向的制造业对外投资战略和强化区域间市场联系和生产协作是提高东部地区向中西部地区制造业转移效率的重要途径。对于东部地区，通过对外投资加快制造业发展模式由初级要素驱动向高级要素驱动转变，构建新型比较优势和实现制造业结构升级，加速推动传统制造业资本向中西部地区转移；而对于中西部地区，则结合自身经济发展水平，在尊重产业发展一般规律的前提下，承接贴合本地市场需求和优势要素特征的东部地区制造业转移，深化区域间专业化分工，助力构建新发展格局。从长期来看，强化东部地区与中西部地区之间的制造业横纵向联系和联动增长，对于缩小区域间制造业发展差距和提升中国制造业整体竞争力尤为重要。

第5章　中国对外直接投资化解产能过剩的实证分析

5.1　变量选取与数据说明

结合前文研究，本部分主要验证对外直接投资是否对化解产能过剩产生影响。如果是其影响效应是完全直接效应、完全中介效应，还是两者兼而有之。以下是选取的主要变量：

1. 被解释变量

产能过剩指数（*EXCA*）。基于 Kirkley（2002）的研究成果，衡量产能过剩的一项重要指标是产能过剩指数，因此，本部分选取产能过剩指数来衡量产能过剩状况，其数据来源于第四部分测算得出的数据。

2. 主要解释变量

对外直接投资比重（*OFDI*）。利用 2003—2020 年各省份（自治区、直辖市）非金融类对外直接投资存量与各省份工业生产总值的比值来表示，各省份（自治区、直辖市）非金融类对外直接投资存量数据来源于历年《中国对外直接投资统计公报》；各省份工业生产总值数据来源于《中国工业统计年鉴》和《中国城市统计年鉴》，其中，2003—2011 年的数据来源于《中国工业统计年鉴》，由于自 2011 年以后《中国工业统计年鉴》不再提供省份细分行业的工业总产值数据，2012—2016 年各省区市的工业总产值来源于《中国城市统计年鉴》中公布的各省区市规模以上工业总产值（全市），2017—2020 年各省（自治区、直辖市）的工业总产值根据《中国城市统计年鉴》中公布的地区生产总值中工业增加值，再参照 2016 年各省（自治区、直辖市）的工业总产值和工业增加值推算出来。

3. 中介变量

（1）研发投入比重（*RD*）。根据杨振兵（2015）的研究，研发投入比重的增加有利于促进技术水平的提升；而技术水平的提高又促进了供给侧产能利用水平的提高，进而提高了产品质量与增强了产品的市场竞争力，促进了需求侧产能利用水平的提高。因此，本书选取中国各省份研究与实验发展（R&D）经费内部支出与各省份工业生产总值的比重作为中介衡量指标。2003—2020 年中国各省份研究与实验发展（R&D）经费内部支出数据来源于历年《中国科技统计年鉴》；各省份工业生产总值数据来源于《中国工业统计年鉴》和《中国城市统计年鉴》，其中，2003—2011 年的数据来源于《中国工业统计年鉴》，由于自 2011 年以后《中国工业统计年鉴》不再提供省市细分行业的工业总产值数据，2012—2016 年各省份的工业总产值来源于《中国城市统计年鉴》中公布的各省市规模以上工业总产值（全市），2017—2020 年各省（自治区、直辖市）的工业总产值根据《中国城市统计年鉴》中公布的地区生产总值中工业增加值，再参照 2016 年各省（自治区、直辖市）的工业总产值和工业增加值推算出来。

（2）出口贸易比重（*EX*）。对外出口贸易规模的扩大会对出口国的产品需求产生影响，进而影响需求侧的产能利用率。因此，本书选取 2003—2020 年各省区市按收发货人所在地的货物出口额与各省份规模以上工业生产总值的比值作为衡量指标。各省区市按收发货人所在地的货物出口额的数据来源于《中国历年统计年鉴》；对于各省区市规模以上工业企业生产总值，2003—

2011 年的数据来源于《中国工业统计年鉴》，由于自 2011 年以后《中国工业统计年鉴》不再提供省区市细分行业的工业总产值数据，2012—2016 年各省区市的工业总产值来源于《中国城市统计年鉴》中公布的各省份规模以上工业总产值（全市），2017—2020 年各省区市的工业总产值根据《中国城市统计年鉴》中公布的地区生产总值中工业增加值，再参照 2016 年各省区市的工业总产值和工业增加值推算出来。

4. 控制变量

本书参考张超（2018），使用的控制变量主要有经济发展水平（*GDP*）、市场化程度（*MAR*）、政府干预程度（*GOV*），具体衡量方法如下：

（1）经济发展水平（*GDP*）。产能利用率通常与经济发展水平呈正向关系。当经济发展处于上升或繁荣阶段时，市场需求旺盛，从而产能利用率也较高；当经济发展处于下降或者衰退阶段时，产能利用率通常会较低。本书采用 2003—2020 年各省份国内生产总值同比来表示经济发展程度，数据来源于《中国统计年鉴》。

（2）市场化程度（*MAR*）。市场化进程对于产能过剩程度具有一定影响，市场化程度较高的地区，产能利用率也较高，反之产能利用率较低，本书使用 2003—2020 年各省份市场化进程总得分来表示各省份的市场化程度，数据来源于樊纲编写的《中国市场化指数》。

（3）政府干预程度（*GOV*）。在我国对地方政府官员以在位政绩进行考核的制度背景下，地方政府往往倾向于通过提高当地能够带来经济效益的行业投资比重从而带动经济发展，而这些行业往往与产能过剩行业联系紧密，因此政府干预程度高的地区往往产能过剩情况较为严重。本书使用 2003—2020 年各地区地方公共财政支出与 GDP 的比值来表示地方政府干预程度，数据来源于《中国统计年鉴》。

鉴于西藏自治区的对外直接投资流量数据缺失得太多，因此将上述变量中的西藏自治区的数据予以剔除（港澳台也不包含在内），只考察中国内地 30 个省份的情况。以上数据均采用对数化处理，各变量描述性统计见表 5-1。

表 5-1　变量描述性统计

变量类型	变量名称	变量符号	样本数	均值	方差	最大值	最小值
被解释变量	产能过剩指数	*EXCA*	600	0.33	0.22	0.95	−0.07
核心解释变量	对外直接投资比重	*OFDI*	600	−7.06	1.68	−2.85	−13.83
中介变量	研发投入比重	*RD*	600	13.43	1.41	16.26	9.39
	出口贸易比重	*EX*	600	−2.41	0.85	−4.37	−0.50
控制变量	经济发展水平	*GDP*	600	2.42	0.25	2.97	1.01
	市场化程度	*MAR*	600	1.78	0.29	2.38	0.96
	政府干预程度	*GOV*	600	−1.65	0.39	0.47	−2.56

5.2　模型构建与估计方法

5.2.1　模型描述

本书分析对外直接投资对化解产能过剩的影响机制，重点分析研发投入比重与出口贸易比重的中介效应。本书采用温忠麟等（2004）的分步估计法分析对外直接投资通过研发投入比重与出口贸易比重两个中介变量对产能过剩指数的影响。采用分步估计法来验证中介效应，每个回归方法的误差项可能存在相关性，为此，本书结合广义矩（GMM）估计以消除模型可能存在的内生性问题。

首先，为检验对外直接投资对化解产能过剩的综合影响，不考虑研发投入和出口贸易两个因素，本书构建基本回归模型如下：

$$EXCA_{it} = \alpha_0 + \alpha_1 OFDI_{it} + \sum_{j=1}^{3} \alpha_j Z_{it}^{j} + \mu_i + \gamma_t + \varepsilon_{it} \tag{5.1}$$

式中：i 代表地区，t 代表时间，$EXCA_{it}$ 为被解释变量，表示第 i 个省（自治区、直辖市）在时间 t 的产能过剩指数，反映产能过剩情况。$OFDI_{it}$ 为核心解释变量，表示第 i 个省（自治区、直辖市）在时间 t 的对外直接投资比重。Z_{it}^{j} 为控制变量，表示第 i 个省（自治区、直辖市）在时间 t 的经济发展水平、市场化程度与政府干预程度。μ_i 和 γ_t 分别表示个体固定效应和时期固定效应，用以描述指标度量的地区特征和时期特征。ε_{it} 为误差项，假定服从白噪声序列。根据理论分析，对外直接投资比重越大，其对化解产能过剩的影响越大，产能过剩指数就会越少，因此，预期 α_1 为显著为负。

其次，考察研发投入和出口贸易在对外直接投资影响产能过剩指数中的中介作用。检验主要由以下步骤完成：一是以地区研发投入比重（RD）和出口贸易比重（EX）为被解释变量，对外直接投资（$OFDI$）为核心解释变量，检验对外直接投资对研发投入和出口贸易的影响；二是以产能过剩指数（$EXCA$）为被解释变量，地区研发投入比重（RD）和出口贸易比重（EX）为核心解释变量，进而检验地区研发投入和出口贸易对产能过剩指数的影响。对应的面板模型设定如下：

$$RD_{it} or EX_{it} = \beta_0 + \beta_1 OFDI_{it} + \sum_{j=1}^{3}\beta_j Z_{it}^{j} + \mu_i + \gamma_t + \varepsilon_{it} \tag{5.2}$$

$$EXCA_{it} = c_0 + c_1 RD_{it} or\ EX_{it} + \sum_{j=1}^{3}c_j Z_{it}^{j} + \mu_i + \gamma_t + \varepsilon_{it} \tag{5.3}$$

根据理论分析，预期 β_1 为显著为正且 c_1 显著为负，对应的中介效应为 β_1 和 c_1，也就是对外直接投资对地区技术创新和出口贸易创造效应有正向影响，从而有助于降低产能过剩指数。

最后，为检验研发投入与出口贸易的中介效应是不是完全中介效应，即是否存在对外直接投资对化解产能过剩影响的直接效应，构建如下面板模型：

$$EXCA_{it} = \delta_0 + \delta_1 OFDI_{it} + \delta_2 RD_{it} or EX_{it} + \sum_{j=1}^{3}\delta_j Z_{\mathrm{it}}^{\mathrm{j}} + \mu_i + \gamma_t + \varepsilon_{it} \tag{5.4}$$

如果 δ_1 和均 δ_2 显著为负，且 δ_1 的绝对值小于式 5.1 中的 α_1 绝对值，则对外直接投资通过直接影响和间接影响两个层面对产能过剩产生影响，且研发投入与出口贸易是部分中介变量。如果对外直接投资的系数 δ_1 不显著，则研发投入比重和贸易出口比重可视为完全中介变量。

对于上述计量模型，如果使用传统的最小二乘法（OLS）进行估计，可能存在两个问题，一是模型可能存在内生性问题，二是假定误差项满足同方差。由于通常情况下，变量之间存在双向因果关系导致内生性问题，数据选取来自不同的地区，可能存在面板数据的异质性问题。为此，本书为了让回归结果更为稳健，以及消除内生性影响及可能异方差问题，本书还采用广义最小二乘法（GLS）与动态 GMM 估计消除可能存在的内生性与异方差影响。本书的 GMM 工具变量选择主要解释变量的滞后 1～2 期的作为工具变量，并将控制变量视为外生变量。同时对误差项进行一阶与二阶自相关检验，以及工具变量的过度识别检验。在模型进行实证检验前，本书运用豪斯曼（Hausman）检验对面板模型的设定形式进行确认，结果显示模型应为双向固定效应模型。

5.2.2　内生性处理

对于中介变量模型，如果解释变量和中介变量可能是内生变量，则可以通过对解释变量与中介变量分别找工具变量进行估计，但 Dippel（2020）证明只需一个工具变量，在中介效应各模型中采用两阶段最小二乘法就可以估计因果中介效应。本书的中介变量研发投入，理论上受到科研部门规划影响，其应该为严格外生变量。但本书的另一中介变量出口贸易，其与对外直接投资可能存在双向因果关系，也即大规模的出口贸易可能推动对外直接投资，反之，对外直接投资也会带动出口贸易增加。因此，中介变量出口贸易具有较强的内生性。

基于此，本书对于对外直接投资—研发投入—产能过剩的中介影响机制，认为研发投入是外生变量，但考虑各模型可能存在的其他内生性及异质性问题，同时也为了回归结果更为稳健，还采用广义最小二乘法（GLS）与动态 GMM 估计消除可能存在的内生性与异方差影响。本书的 GMM 工具变量选择主要解释变量的滞后 1～2 期的作为工具变量，并将控制变量视为外生变量。同时对误差项进行一阶与二阶自相关检验，以及工具变量的过度识别检验。

对于对外直接投资—出口贸易—产能过剩的中介影响机制，本书认为出口贸易为内生变量，采用 Dippel（2020）的方法对以上模型采用工具变量运用两阶段最小二乘法进行估计，同时也报告 OLS 的估计结果。本书选取人民币对美元汇率作为出口贸易及对外直接投资的工具变量，一方面人民币对美元汇率具有严格的外生性，另一方面，人民币对美元汇率与出口贸易密切相关，同时人民币汇率与对外直接投资也具有相关性。在模型进行实证检验前，本书运用 Hausman 检验对面板模型的设定形式进行确认，结果显示模型应为双向固定效应模型。

5.2.3 典型事实分析

图 5-1 报告了对外直接投资通过技术创新效应与出口贸易创造效应影响产能过剩的典型事实。由图 5-1 可知，对外直接投资与研发投入比重和出口贸易比重存在明显的正相关关系，而研发投入比重和出口贸易比重与产能过剩指数之间存在明显的负相关关系。因此，提升对外直接投资的比重，可以促进产能过剩指数的下降，有助于化解产能过剩。以上典型事实仅为初步的定性分析，为得到可靠的结论，需要将综合考虑各方面因素，利用实证模型进行检验。

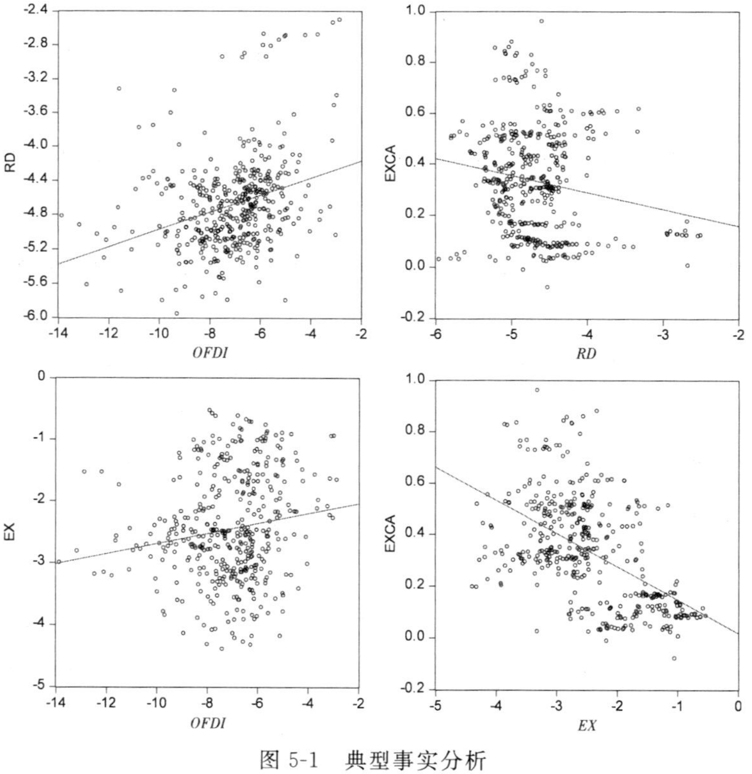

图 5-1　典型事实分析

5.3　实证结果与分析

5.3.1　基准回归

非平稳数据很容易导致伪回归，因此在对模型进行估计之前，数据的稳健性检验是必要的。本书采用 LIC、IPS、Fisher-ADF 和 Fisher-PP 四种方法对各变量进行稳健性检验。结果显示，除产能过剩指数 *EXCA* 与对外直接投资流量 *OFDI* 是平稳序列外，其他变量一阶差分均为平稳序列。由此可见，模型中所有序列均为同阶单整，其线性组合可能存在协整关系。因此，本书分别采用 Pedroni（1999）提出的 panel-ADF、group-ADF、panel-v、group-rho 与 Kao（2000）提出的 ADF 检验进行协整检验，结果显示变量之间存在着长期协整关系。

表 5-2　单位根检验结果

变量	水平值				一阶差分值			
	LLC	IPS	Fisher-ADF	Fisher-PP	LLC	IPS	Fisher-ADF	Fisher-PP
EXCA	−12.56*** (0.00)	−6.41*** (0.00)	148.87*** (0.00)	233.23*** (0.00)	−0.26*** (0.00)	−5.62*** (0.00)	137.59*** (0.00)	487.75*** (0.00)
OFDI	−4.16 (0.15)	−1.67 (0.26)	81.21 (0.12)	214.63*** (0.00)	−7.56*** (0.00)	−5.65*** (0.00)	137.98*** (0.00)	407.72*** (0.00)
RD	−0.13 (0.45)	−2.69 (0.99)	53.78 (0.71)	94.81 (0.92)	−9.98*** (0.00)	−4.91*** (0.00)	126.33*** (0.00)	322.24*** (0.00)
EX	−1.16 (0.12)	1.32 (0.91)	45.28 (0.92)	35.55 (0.95)	−4.19*** (0.00)	−3.76*** (0.00)	102.01*** (0.00)	204.58*** (0.00)
GDP	−4.68* (0.08)	0.93 (0.82)	56.33 (0.61)	153.32* (0.09)	−12.06*** (0.00)	−5.73*** (0.00)	139.80*** (0.00)	302.16*** (0.00)
MAR	−1.31 (0.91)	1.83 (0.97)	32.43 (0.99)	48.96 (0.85)	−5.51*** (0.00)	−0.69** (0.07)	58.80*** (0.07)	206.02*** (0.00)

续表

变量	水平值				一阶差分值			
	LLC	IPS	Fisher-ADF	Fisher-PP	LLC	IPS	Fisher-ADF	Fisher-PP
GOV	−0.08 (0.47)	1.60 (0.95)	52.51 (0.74)	87.20* (0.09)	−9.32*** (0.00)	−3.96*** (0.00)	111.04*** (0.00)	253.26*** (0.00)

说明：括号内为 p 值；*、**、*** 表示在 1%、5%、10% 水平上拒绝“有单位根”的原假设，而接受备择假设；估计方差含截距项、滞后项和时间趋势项。

Pedroni（1999）提出了 7 个统计量用以对残差进行平稳性检验，其中有 4 个组内统计量和 3 个组间统计量，如表 5-3 中所示。根据 Pedroni（1999）的证明，在小样本中，panel-ADF、group-ADF 检验效果最好，panel-v、group-rho 检验效果最差。当检验结果不一致时，以这两个统计量为标准。Kao（2000）也提出对面板数据进行检验的统计量，本书采用其 ADF 值进行分析。对模型 5.1、5.2、5.3、5.4 中的变量进行协整检验，基于稳健性考虑，同时采用两种方法进行分析。从表 5-3 的估计结果看，Pedroni 的各统计量中 panel-AD、group-AD、group-PP 基本在上在 1%或 10%的显著水平可以拒绝不存在协整关系的原假设，Kao 检验 ADF 值结果也在 1%的显著水平支持长期协整关系的存在。这表明模型 5.1、5.2、5.3、5.4 中的变量之间存在着长期协整关系。

表 5-3　协整检验结果

统计量		1	2	3	4	5	6	7
Pedroni 检验	Panel-*v*	−5.98 (0.92)	−1.81 (0.96)	−2.11 (0.71)	−4.15 (0.82)	−5.10 (0.94)	−5.04 (0.91)	−6.09 (0.79)
	Panel-rho	2.73 (0.91)	4.15 (0.92)	5.45 (0.82)	3.82 (0.72)	3.21 (0.94)	5.22 (0.92)	4.29 (0.85)
	Panel-PP	−17.49*** (0.00)	−7.09*** (0.00)	−5.45*** (0.00)	−21.23*** (0.00)	−14.67*** (0.00)	−21.44*** (0.00)	−17.23*** (0.00)
	Panel-ADF	−6.49*** (0.00)	−6.11*** (0.00)	−6.07*** (0.00)	−11.11*** (0.00)	−10.77*** (0.00)	−9.87*** (0.00)	−11.52*** (0.00)

续表

统计量		1	2	3	4	5	6	7
Pedroni 检验	Group-rho	−5.16 (0.09)	6.19 (0.86)	5.56 (0.85)	6.12 (0.73)	5.32 (0.95)	7.36 (0.85)	6.56 (0.85)
	Group-PP	−22.11*** (0.00)	−15.61*** (0.00)	−12.35*** (0.00)	−27.97*** (0.00)	−21.34*** (0.00)	−26.28*** (0.00)	−22.80*** (0.00)
	Group-ADF	−5.33*** (0.00)	−9.42*** (0.00)	−6.57*** (0.00)	−12.40*** (0.00)	−12.02*** (0.00)	−11.24*** (0.00)	−11.39*** (0.00)
Kao 检验	ADF	−4.86*** (0.00)	−2.43*** (0.00)	−2.86*** (0.00)	−5.49*** (0.00)	−5.13*** (0.00)	−4.68*** (0.00)	−5.65*** (0.00)

说明：括号内为 p 值；*、**、*** 表示在 1%、5%、10%水平上显著。

1. 对外直接投资对产能过剩的综合效应

利用 OLS、GLS 和 GMM 三种方法对模型 5.1 进行参数估计，以检验对外直接投资对产能过剩的影响，结果见表 5-4。在对外直接投资—研发投入—产能过剩的影响机制中，对比不同的分析方法的结果，发现各个变量的系数存在一定差异，说明模型可能存在内生性问题与异方差问题。相对于 OLS 估计，SYS-GMM 的估计结果更具有稳健性，因此，本书以 SYS-GMM 估计结果作为其理论分析的基础。

本书同时对模型 5.1 采用 OLS 与 2SLS 估计，分析对外直接投资—出口贸易—产能过剩中介影响机制的对外直接投资对产能过剩的影响。两阶段最小二乘法中，第一阶段的 F 值可以对弱工具变量进行检验，一般该值大于 10 可以认为通过检验。Dippel（2020）认为在用工具变量进行中介模型中，为保守起见第一阶段的 F 值如果能大于 30，则可以认为不存在弱工具变量，各效应均能通过检验。表 5-4 中的第一阶段 F 值远大于 30，可以认为本书的工具变量是合理的。从表中可以看出，在不同的方法下，对外直接投资始终显著对产能过剩产生影响，且该影响是稳健的。这一结果表明，增加对外直接投资能显著降低产能过剩。这验证了本书的假说 H1。

对于各控制变量的影响，与理论分析基本一致。经济发展水平与市场化指数显著性水平上对产能过剩产生显著的负向影响，表明经济发展水平越高，其市场需求也越强，从而产能过剩指数越低；市场化水平提高，对资源分配及供给决定的市场机制作用显著，从而产能过剩指数越低。但是，政府干预程度对产能过剩的产生显著正向影响，地方政府为了应付国家政绩考核往往倾向于通过提高当地能够带来良好经济效益的行业投资比重以带动经济发展，而这些行业往往与产能过剩行业联系紧密，因此政府干预程度越强，产能过剩将会越严重。

表 5-4　对外直接投资对产能过剩的影响

变量	OLS（1）	GLS（2）	SYS-GMM（3）	2SLS（4）
L. EXCA			0.028** (2.54)	
OFDI	−0.022*** (−3.38)	−0.026*** (−4.51)	−0.033** (−2.75)	−0.025*** (−3.93)
GDP	−0.159*** (−3.56)	−0.072 9* (−2.28)	−0.283** (−2.70)	−0.076*** (−2.77)
MAR	−0.356*** (−7.20)	−0.325*** (−7.43)	−0.398*** (−6.61)	−0.385*** (−6.69)
GOV	0.053 0*** (3.48)	0.061 0*** (5.90)	0.011 9*** (4.27)	0.051*** (3.46)
Constant	1.276*** (9.51)	0.991*** (9.90)	1.453*** (5.31)	1.237* (2.30)
个体固定效应	是	是	是	是
时间固定效应	是	是	是	是
样本量	540	540	480	540
调整 R^2	0.376 8			0.413
AR（2）			0.126	

续表

变量	OLS (1)	GLS (2)	SYS-GMM (3)	2SLS (4)
Hansen P 值			0.556	
工具变量数			20	
第一阶段 F 值				145.158***

说明：对于 OLS，括号内为 t 值；对于 2SLS、GLS 和 GMM，括号内为 z 值；*、**、*** 表示在 1%、5%、10%水平上显著。

2. 对外直接投资对产能过剩影响的间接效应

上述分析主要是指对外直接投资影响产能过剩的综合影响，包括直接效应与间接效应。因此，对模型 5.2 与 5.3 进行估计，以检验是否存在对外直接投资对产能过剩的间接影响，即研发投入与出口贸易的中介作用。其中，表 5-5 报告了对外直接投资对研发投入与出口贸易的影响，表 5-6 报告了研发投入、出口贸易对产能过剩的影响。

由表 5-5 中的 Panel A 可知，采用不同的估计分析方法均显示对外直接投资对研发投入存在正向影响，其中在 OLS 估计中通过了 1%显著性检验，而在 GLS 与 GMM 估计中通过 5%的显著性检验。说明随着对外投资的增加，研发投入比重会不断提升。控制变量中市场化指数与政府干预程度对其产生正向且显著影响，而经济发展水平的影响也为正但不显著。进一步，由表 5-5 中的 Panel B 可知，2SLS 的弱工具变量通过检验，两种不同的估计方法均显示对外直接投资在显著性水平上对出口贸易产生显著正向影响。这意味着增加对外直接投资可提升出口贸易额。分析各模型的回归系数，发现对外直接投资影响出口贸易要远远大于对其对研发投入的影响。对于控制变量，市场化指数与政府干预程度对出口贸易的影响为正，经济发展程度的影响也为正但不显著。

表 5-5　对外直接投资对研发投入与出口贸易的影响

变量	Panel A：对外直接投资与研发投入			Panel B：对外直接投资与出口贸易	
	OLS (1)	GLS (2)	SYS-GMM (3)	OLS (4)	2SLS (5)
L. RD			0.098** (2.49)		
OFDI	0.065*** (3.43)	0.043** (2.41)	0.016** (2.30)	0.181*** (6.83)	0.145** (5.48)
GDP	0.486 (0.75)	0.235 (0.39)	0.209 (0.43)	0.425* (2.43)	0.134 (0.97)
MAR	1.295*** (8.03)	0.991*** (7.09)	0.812*** (4.03)	1.946*** (9.22)	1.498** (2.52)
GOV	0.671*** (6.07)	0.338*** (3.53)	0.336* (2.16)	0.533*** (3.59)	0.421* (1.89)
Constant	−4.236*** (−10.37)	−5.036*** (−15.30)	−4.565*** (−4.76)	−2.758*** (−5.23)	−6.021*** (−6.88)
个体固定效应	是	是	是	是	是
时间固定效应	是	是	是	是	是
样本量	540	540	480	540	540
调整 R^2	0.202 1			0.144 8	0.275
AR（2）			0.756		
Hansen *P* 值			0.414		
工具变量数			20		
第一阶段 *F* 值					126.38***

说明：对于 OLS，括号内为 t 值；对于 2SLS、GLS 和 GMM，括号内为 z 值；*、**、***表示在 1%、5%、10%水平上显著。

再根据表 5-6 可知，研发投入与出口贸易对产能过剩均存在负向显著，对比两者的系数，发现出口贸易对产能过剩的影响要大于研发投入的对产能过剩的影响。结合表 5-5，以 SYS-GMM 为研究基准，对外直接投资对研发投入与出口贸易的回归系数，可以得到对外直接投资通过研发投入对产能过剩的影响强度为负，而通过出口贸易的影响强度大约为负，通过计算可知，后者大约为前者的 6 倍。由此可见，对外直接投资对产能过剩影响具有间接作用，出口贸易创造效应对产能过剩的中介作用要大于技术创新效应。此结果验证了本书的假说 H_2。

表 5-6　研发投入、出口贸易对产能过剩的影响

变量	Panel A:研发投入与产能过剩			Panel B:出口贸易与产能过剩	
	OLS (1)	GLS (2)	SYS-GMM (3)	OLS (4)	2SLS (5)
L. EXCA			0.041** (2.15)		
RD	−0.031** (−2.25)	−0.023** (−2.23)	−0.132*** (−9.26)		
EX				−0.095*** (−8.71)	−0.084** (−2.35)
GDP	−0.146** (−3.15)	−0.039 3 (−1.17)	−0.235** (−3.13)	−0.193*** (−4.61)	0.014 (0.92)
MAR	−0.437*** (−8.38)	−0.435*** (−10.75)	−0.596*** (−15.16)	−0.176*** (−3.56)	−0.253 (−0.95)
GOV	0.009 (0.23)	0.013 (0.49)	0.051 (1.36)	0.098 5** (2.82)	0.011 (1.03)
Constant	1.576*** (10.80)	1.283*** (10.22)	2.482*** (12.35)	1.056*** (8.73)	0.312 (0.15)
个体固定效应	是	是	是	是	是
时间固定效应	是	是	是	是	是
样本量	540	540	480	540	540
调整 R^2	0.343			0.345	0.356
AR (2)			0.139		
Hansen *P* 值			0.565		
工具变量数			20		
第一阶段 *F* 值					89.369

说明：对于 OLS，括号内为 t 值；对于 2SLS、GLS 和 GMM，括号内为 z 值；*、**、*** 表示在 1%、5%、10%水平上显著。

3. 研发投入与出口贸易的中介效应检验

在对外直接投资影响产能过剩的传导机制中，为检验研发投入与出口贸易是否为完全中介变量以及是否存在直接效应，将对外直接投资与研发投入以及出口贸易纳入同一模型中，得到方程 5.4，运用三种方法 OLS、GLS、GMM 进行回归分析，得到结果见表 5-7。由表 5-7 可知，当对外直接投资纳入后，研发投入与出口贸易的系数仍为负数，且通过显著性检验。此时，对外直接投资对产能过剩的影响均为负数，且对外直接投资对产能过剩的影响系数数值略小于表 5-4 的回归系数，各回归方程中的 Sobel Z 统计量均统计显著，这表明，对外直接投资对产能过剩有直接影响，且研发投入与出口贸易是部分中介变量。以 SYS-GMM 为准，研发投入的中介效应系数为－0.131。以 2SLS 为准，出口贸易的中介效应系数为－0.083。

表 5-7 研发投入与出口贸易的中介效应检验结果

变量	Panel A:研发投入与产能过剩			Panel B:出口贸易与产能过剩	
	OLS (1)	GLS (2)	SYS-GMM (3)	OLS (4)	2SLS (5)
L. EXCA			0.026** (2.30)		
OFDI	－0.021*** (－3.67)	－0.022*** (－4.51)	－0.031** (－3.01)	－0.014 (－0.86)	－0.013** (－2.31)
RD	－0.032** (－2.77)	－0.024** (－2.59)	－0.131*** (－6.51)		
EX				－0.093*** (－5.89)	－0.083*** (－3.45)
GDP	－0.138** (－3.15)	－0.067* (－2.18)	－0.276*** (－3.38)	－0.193*** (－4.76)	－0.035 (－10.7)
MAR	－0.395*** (－7.33)	－0.339*** (－7.51)	－0.513*** (－8.20)	－0.176*** (－3.41)	－0.301 (1.33)
GOV	0.033 (0.87)	0.052 (1.61)	0.033 (0.77)	0.107** (2.83)	0.053* (1.91)

续表

变量	Panel A:研发投入与产能过剩			Panel B:出口贸易与产能过剩	
	OLS (1)	GLS (2)	SYS-GMM (3)	OLS (4)	2SLS (5)
Constant	1.413*** (9.28)	0.606*** (5.46)	2.183*** (7.32)	1.013*** (8.12)	1.251 (0.62)
个体固定效应	是	是	是	是	是
时间固定效应	是	是	是	是	是
样本量	540	540	480	540	540
调整 R^2	0.381			0.359	0.396
AR（2）			0.226		
Hansen *P* 值			0.585		
工具变量数			21		
第一阶段 *F*					102.35
Sobel *Z*	−2.132**	−1.976**	−2.467**	−4.475**	−2.939**
中介效应	−0.002	−0.001	−0.002	−0.017	−0.012
中介效应占比	9.17%	4.48%	6.06%	54.59%	48.00%

说明：对于 OLS，括号内为 *t* 值；对于 2SLS、GLS 和 GMM，括号内为 *z* 值；*、**、***表示在 1%、5%、10%水平上显著。

5.3.2　稳健性检验

中国对外直接投资推动产业向外转移，这存在着阶段性影响。2008 年，全球金融危机对我国对外贸易产生了重要影响。2008 年后，随着金融危机的影响深入，中国经济进入了低速稳定增长的“新常态”阶段，对外直接投资的规模也在加速扩张。因此，本书选取 2008 年，作为分界点，分别考察 2003—2008 年和 2009—2020 年两个期间考察对外直接投资对产能过剩的影响，以此进行稳健性检验。与前文相同对于对外直接投资—研发投入—产能过剩的中介影响机制，采用 SYS-GMM 方法进行回归分析，对于对外直接投资—出口贸易—产能过剩的中介影响机制，采用 2SLS 方法进行回归分析。分阶段检验的结果见表 5-8 至表 5-11。

表 5-8 分阶段对外直接投资对产能过剩的影响

变量	2003—2008		2009—2020	
	SYS-GMM	2SLS	SYS-GMM	2SLS
L. EXCA	0.021** (2.23)		0.033*** (3.01)	
OFDI	−0.016** (−3.34)	−0.009*** (−2.89)	−0.057*** (−3.54)	−0.049*** (−3.56)
GDP	−0.005 (−0.37)	−0.011 (−1.02)	−0.203** (−2.35)	−0.175*** (−3.48)
MAR	−0.412** (−2.28)	−0.327** (2.42)	−0.254** (−2.97)	−0.201*** (−2.98)
GOV	0.061 (1.17)	0.053 (1.28)	0.075 (1.09)	0.076 (1.51)
Constant	1.308*** (4.37)	1.412** (2.43)	1.248*** (3.35)	0.864*** (5.37)
个体固定效应	是	是	是	是
时间固定效应	是	是	是	是
样本量	120	180	300	360
调整 R^2		0.481		0.378
AR (2)	0.415		0.563	
Hansen *P* 值	0.526		0.612	
工具变量数	9		14	
第一阶段 *F* 值		178.362		106.321

由表 5-8 可知，金融危机前后，对外直接投资对产能过剩的影响均显著为负，这与前面研究的结论一致，说明本书结果的稳健性。各控制变量的影响存在差异，在金融危机前，经济发展水平与政府干预程度对产能过剩的影响不显著。这说明金融危机前，可能是产能过剩问题并不突出，经济发展的程度对其影响不大。另一方面，金融危机前，政府对经济干预程度较低，可能

对产能过剩影响不大。

表 5-9　分阶段对外直接投资对研发投入和出口贸易的影响

变量	Panel A:对外直接投资与研发投入		Panel B:对外直接投资与出口贸易	
	2003—2008 SYS-GMM	2009—2020 SYS-GMM	2003—2008 2SLS	2009—2020 2SLS
L. RD	0.063** (2.27)	0.077*** (4.25)		
OFDI	0.039** (2.63)	0.103*** (5.75)	0.087*** (3.45)	0.298*** (7.13)
GDP		−0.227** (−2.52)		
MAR				
GOV				
Constant	−2.365*** (−4.02)	−3.698*** (−10.28)	−2.587*** (−2.98)	−2.698*** (−4.36)
个体固定效应	是	是	是	是
时间固定效应	是	是	是	是
样本量	120	300	180	360
调整 R^2			0.502	0.489
AR (2)	0.325	0.413		
Hansen *P* 值	0.578	0.622		
工具变量数	9	14		
第一阶段 F 值			92.321	158.673

由表 5-9 可知，金融危机前后，对外直接投资对研发投入的影响显著为正，但数值上有较大的提升，这也说明了，面对金融危机的冲击，一方面通过对外直接投资来摆脱危机的影响，另一方面中国通过研发投入促进产业升级，这使得金融危机后的影响显著为正。金融危机后对外直接投资对出口贸易的影响系数数值要大于危机前的系数。对外直接投资对研发投入与出口贸

易的影响方向并没因金融危机而改变，金融危机后，由于国家采取了一系列措施来降低金融危机的影响，这直接导致金融危机后对外直接投资对研发投入及对出口贸易的影响均大于危机前。这同样也是研发投入、出口贸易对产能过剩的影响在金融危机前后的存在差异的原因，且金融危机后的影响效应大于金融危机前，见表 5-10。

表 5-10 分阶段研发投入、出口贸易对产能过剩的影响

变量	Panel A:研发投入与产能过剩		Panel B:出口贸易与产能过剩	
	2003—2008 SYS-GMM	2009—2020 SYS-GMM	2003—2008 2SLS	2009—2020 2SLS
L. EXCA	0.036*** (2.97)	0.057*** (4.75)		
RD	−0.027** (2.36)	−0.035*** (2.97)		
EX			−0.052*** (−5.03)	−0.091*** (−6.58)
GDP	−0.013 (−0.58)	−0.135** (−2.46)	−0.085 (−0.91)	
MAR	−0.381*** (−5.43)	−0.298*** (−5.78)	−0.211** (−2.36)	
GOV	0.018 (0.96)	0.034 (1.23)		
Constant	2.318*** (5.31)	3.016*** (7.28)	2.376*** (4.28)	1.872*** (5.37)
个体固定效应	是	是	是	是
时间固定效应	是	是	是	是
样本量	120	300	180	360
调整 R^2			0.511	0.375
AR（2）	0.378	0.471		
Hansen *P* 值	0.526	0.657		
工具变量数	9	14		
第一阶段 *F* 值			95.638 7	112.369

由表 5-11 可知，在中介效应检验模型中，在研发投入影响产能过剩的机制中，以及在出口贸易的影响机制模型中，对外直接投资对产能过剩的影响均显著为负。这表明在金融危机前，研发投入与出口贸易对产能过剩的影响在金融危机前后是都是部分中介效应。通过分阶段回归分析，论证了本书结论的稳健性。

表 5-11　分阶段研发投入与出口贸易的中介效应检验结果

变量	Panel A:研发投入与产能过剩		Panel B:出口贸易与产能过剩	
	2003—2008 SYS-GMM	2009—2020 SYS-GMM	2003—2008 2SLS	2009—2020 2SLS
L. EXCA	0.019** (2.11)	0.322*** (3.25)		
OFDI	−0.015** (−2.38)	−0.053*** (−4.82)	−0.004** (2.28)	−0.021*** (−3.25)
RD	−0.026** (2.28)			
EX				
GDP				
MAR				
GOV				
Constant	1.808*** (4.78)	2.353*** (4.02)	2.365*** (4.58)	1.697*** (6.15)
个体固定效应	是	是	是	是
时间固定效应	是	是	是	是
样本量	120	300	180	360
调整 R^2			0.614	0.458
AR（2）	0.354	0.436		
Hansen *P* 值	0.425	0.587		

续表

变量	Panel A：研发投入与产能过剩		Panel B：出口贸易与产能过剩	
	2003—2008 SYS-GMM	2009—2020 SYS-GMM	2003—2008 2SLS	2009—2020 2SLS
工具变量数	10	15		
第一阶段 F 值			109.367	137.985
Sobel Z	−1.713*	−5.754***	−2.368**	−6.546***
中介效应	−0.001	−0.004	−0.005	−0.027
中介效应占比	6.32%	6.54%	54.01%	56.63%

5.4 小结

根据上述模型的实证检验，可得出以下重要结论：对外直接投资对化解产能过剩的影响存在直接效应和间接效应。具体来看：第一，在对外直接投资通过研发投入影响产能过剩的机制中，直接效应占 93.94%，间接效应为 6.06%，以直接效应为主。在对外直接投资通过出口贸易影响产能过剩的机制中，直接效应占 52.00%，间接效应占 48.00%，间接效应稍低于直接效应。这说明中国通过外贸出口及市场寻求型对外直接投资对中国产能过剩的化解起到了更为重要的作用。由此可见，与寻求先进技术相比，中国企业开拓市场显得尤为重要。第二，技术创新有助于化解中国过剩产能，然而，中国技术寻求型对外直接投资的占比偏少，企业对寻求技术的动机也不太重视。再者，中国企业在很大程度上依赖通过对外直接投资吸收和学习东道国的先进技术，自主创新能力不够，这对中国通过对外直接投资方式来化解国内产能过剩有一定的不利影响，因此，对外直接投资企业力争以自主创新的方式提高核心竞争力，从而化解过剩产能。

第6章 结论及对策建议

6.1 主要结论

在分析对外直接投资发展现状和国内产能过剩区域分布现状的基础上，本书运用超越对数的随机前沿生产函数模型（SFA）从供给侧和需求侧两端对中国31个省（自治区、直辖市）域工业产能利用率进行了测算，在产能利用率的基础上测算了产能过剩指数，并以产能过剩指数为因变量构建对外直接投资与产能过剩指数的中介效应模型，分析对外直接投资对化解产能过剩的影响效应。主要结论如下：

6.1.1 中国产能过剩存在地区差异性

通过测算2001—2020年我国31个省区市的产能过剩指数，发现除北京、天津、上海、江苏、浙江、山东、广东和海南等东部省市外，中国绝大部分省区市都存在产能过剩问题。从区域来看，东部地区的产能过剩问题并不严重，中部地区和西部地区都出现了较为严重的产能过剩问题。从时间上看，中国产能过剩指数总体上呈下降趋势，即产能过剩问题随着时间的推移略有缓解。

6.1.2 对外直接投资对化解产能过剩的影响存在直接效应和间接效应

对外直接投资中的“边际产业转移”和出口创造均可以直接带来部分产能的向外转移。此外，对外直接投资具有技术溢出效应，可以通过产业关联和产业竞争促进国内企业技术进步，而国内企业技术进步从生产领域和流通领域两个层面对产能过剩化解产生影响。首先，在生产领域，技术进步可以带来生产效率的提高，从而使生产环节的产能得到合理利用，从而提高生产侧的产能利用率。其次，在流通领域，技术进步可以提高产品的技术含量和附加值，使产品更符合国内和国外市场的需求，增加产品的销量，使产能在流通环节得到更为合理的利用，从而在需求侧提升产能利用率，并达到化解过剩产能的目标。最后，对外直接投资对化解过剩产能的影响效应中，直接影响效应大于间接影响效应，且出口贸易创造效应对产能过剩的中介作用效应要远大于技术创新效应，这说明与市场寻求型对外直接投资相比，技术寻求型对外直接投资在化解过剩产能方面的作用未能更好发挥。

6.1.3 企业创新投入增加助力过剩产能化解

增加企业创新投入有利于降低行业产能过剩指数，提高产能利用率，进而化解过剩产能。企业扩大创新投入会促使企业生产技术进步。因此，该企业可以在占据市场竞争优势，而这种优势对于生产同类产品的其他企业来说却是一种竞争压力，为了维持市场份额，同类企业将不可避免地增加对创新的投入，从而促使整个产业技术进步。由于产业间的相关联效应，与该产业相关联的上下游产业也会随之增加对创新的投入，从而使得整个产业链的技术进步，优化产业结构，从而提高产能利用率，化解过剩产能。

6.1.4 出口贸易额与产能过剩指数呈负相关关系

随着出口贸易规模的扩大，中国产品直接销往世界市场的销售量增加，直接提高了消费侧的产能利用率。此外，随着全球经济的进一步发展，国际市场对产品的需求结构也发生了变化，高科技含量和高附加值的产品越来越受市场欢迎。中国企业要保持产品在国际市场上的竞争优势，必然要加大科技创新投入，增加产品附加值和科技含量，提高产品质量，使产品更加符合市场需求。由于产业之间相互关联，整个产业链的生产技术将得到提升，产业结构将得到升级。因此，出口贸易有利于降低产能过剩指数，减少国内产能过剩。

6.2　对外直接投资化解过剩产能的国际经验

曹秋菊（2016）研究发现产能过剩问题并不仅仅存在于中国，早在 20 世纪早期，其就存在于诸多经济增长速度激涨的工业化国家，因而是全球各经济体面临的世界性、普遍性的问题。伴随着全球经济发展，各国（地区）产能过剩的情况间或发生。一些主要发达国家都曾经面临产能过剩问题，如美国、日本、德国和韩国等国，它们通过对外投资有效转移了国内过剩产能。下面就这些国家利用国际渠道化解过剩产能的成功经验进行探讨。

6.2.1　美国之经验

众所周知，美国是当今世界的经济霸主。由于受经济周期性的影响，美国在经济运行的衰退阶段，往往会伴随着产能过剩危机。自 20 世纪以来，美国曾多次面临产能过剩的问题，分别经历了 20 世纪 40 年代、20 世纪 80 年代中期及 20 世纪 90 年代初期以汽车、钢铁等传统制造业为代表的产能过剩，21 世纪初期由互联网泡沫破灭引发的以电子通信等高新技术行业为代表的产能过剩，以及 2008 年经济危机引起的大部分行业的产能过剩。作为市场经济最为发达的国家，美国主要依靠国市场机制化解产能过剩危机，但为了将其破坏性降到最小，政府也会采取相应的措施。20 世纪 50 年代，美国将传统产业向德国和日本进行转移。但是，资本密集型与技术密集型的高新技术产业仍然留在国内，在第三次国际产业转移中确立了美国的高端地位。主要借助于“马歇尔计划”，美国顺利化解了二战后的过剩产能问题，即通过美国政府的拨款向一些欧洲国家进行经济援助，这不仅促进接受援助国家二战后经济的恢复，也有助于美国工业经济与贸易的进一步发展。同时，通过对欧洲等国进行援助，为美国日后实施全球产业转移战略创造了强有力的条件。美国20世纪80年代中期与20世纪90年代初期出现了以汽车和钢铁等传统制造业为代表的产能过剩、21世纪初期发生了电子制造业和信息通信等高技术产业为代表的产能过剩。为了化解这两次严重的产能过剩，美国主要通过鼓励企业破产、并购重组等市场调节机制淘汰落后的产能，与此同时辅助以行政管制等政府干预手段。然而，2008年次贷金融危机的爆发使美国工业陷入了产能过剩泥潭，尤为严重的是2009年第四季度，美国产能利用率降到67.2%。为了应对此次国际金融危机，一方面，美国推出“再工业化计划”。该战略的实质是通过“创新驱动”完善产业集群化优势，提升产业国际竞争力，化解产能过剩。相关措施如下：美国政府先后发布《重振美国制造业政策框架》《先进制造伙伴（AMP）计划》《先进制造业国家战略计划》等计划鼓励美国制造业健康快速发展，通过完善先进制造业创新政策、加强“产业公地”建设和优化政府投资等战略措施，增强产业竞争优势化解过剩产能。经过这一系列的政策实施，美国高新技术产业产出在制造业中的比例不断上升，提升了美国产业整体的国际竞争力，为美国借助产业国际转移走出国际金融危机的影响奠定了良好的基础。另一方面，美国更是诉求全球产业战略转移，积极致力于跨太平洋伙伴协定（Trans-Pacific Partnership Agreement，TPP）、跨大西洋贸易与投资伙伴协定（TTIP）等自由贸易区的谈判工作，以期通过更多参与区域经济整合来降低国内对外投资成本和进出口成本，减缓国内经济危机和化解产能过剩问题。

6.2.2 日本之经验

20世纪50年代，随着经济从二战后恢复与发展，日本也不可避免地出现了产能过剩问题，经历了20世纪50年代、60年代中期、80年中期和90年代等4次较为严重的产能过剩危机。日本遵循了日本一桥大学教授小岛清提出的“边际产业扩张理论”向国外转移过剩产业，即对外直接投资应从本国处于比较劣势的产业（边际产业）、但在东道国又具有比较优势的产业依次开始投资，有效化解过剩产能。20 世纪 80 年代中后期，电器机械、钢铁等传统制造业开始出现产能过剩危机。与此同时，日元持续大幅升值以及对外贸易摩擦愈演愈烈，这导致投资和生产成本持续上升，造成日本产品在国际市场上的竞争力不断下降，故依靠国际市场有效需求无法化解传统制造业产能过剩危机。为此，日本政府鼓励企业将低端产业直接向海外转移，从而达到优化本国产业升级，淘汰落后产能的目的，其做法是：出台鼓励日本企业海外直接投资自由化政策，如放宽对海外投资资金限制和项目审批制度等；通过修改《外汇及外国贸易管理法》，进一步促进贸易自由化；海外投资、在规模海外经济合租的投资活动，实行弥补投资风险的亏损准备金制度；通过“海外经济协力基金”“海外贸易开发协会”等方式为日本企业开辟海外投资提供贷款提供保证；与此同时，政府充分利用“日本贸易振兴会”的海外投资咨询机构，通过对东道国进行投资环境、制度调查等方式，对进行海外投资的企业提供信息服务。日本通过对外直接投资将本国存在过剩产能的成熟产业向海外转移。首先把“双高”的劳动密集型重化工产业向拉美国家和东南亚国家转移。再主要向韩国、新加坡、中国香港和台湾地区等转移落后的资本密集型产业。最后，向亚洲“四小龙”和中国大陆转移标准化产业。日本通过产业依次向海外转移，最终确立了其在亚洲的“雁头”地位。

通过对比中国现在与美国、日本两国对外直接投资扩张时期的国情，可以看出我国目前已经具备美日等国当时成熟的对外直接投资条件。其认为中国可以借鉴美日两国的做法，充分利用“一带一路”倡议建设国家层面对中国对外直接投资提供政策支持，通过对外直接投资来化解国内过剩产能。

6.2.3　德国之经验

德国作为世界制造业强国，在精密加工、机械制造、汽车等制造业一直居于世界领先水平。有别于二战后实体经济发展和工业化的日本，德国实行依靠市场机制为主，政府辅助引导的经济发展战略实现赶超计划。但是，在推进工业化过程中，德国也面临着一系列的产能过剩问题需要加以解决，其主要依靠市场调节为主，政府调控政策为辅的方式，淘汰落后产能，化解产能过剩。20 世纪 60 年代初，德国的钢铁、煤炭等传统业及其相关产业开始出现产能过剩问题。2008 年次贷危机发生后，国际市场有效需求极度下降使得德国经济萎缩 4.7%，造成机械制造、汽车等行业出现严重产能过剩。为了应对产能过剩和保护本国创新支柱产业，德国政府通过借助财政补贴与税收优惠等多项措施，鼓励创新成果的产业化，改进支柱企业产品工艺，提高产品的国际竞争力，等待国际市场景气回升，发挥产品优势。在国内产业结构升级的同时，德国非常重视国内产业“走出去”的发展趋势，大力支持产能过剩行业的海外转移战略，激励国内企业向海外投资，以化解国内产能过剩的问题。20 世纪 80 年代，德国在尖端技术领域落后于美国、日本等国家。因此，德国政府大力支持对海外尖端技术方面的直接投资，使德国尖端技术产业快速发展，并提升了国内产业结构。

6.2.4 韩国之经验

二战后，韩国随着经济的快速恢复，也面临着产能过剩问题。2010 年全球显示器面板出现产能过剩，韩国作为主要供应商，产能过剩更加严重；受全球光伏产业低迷的影响，2012 年全球光伏产业发生产能过剩，韩国也受到冲击。但韩国积极实施外向型产业政策，通过对外直接投资以提升国内产业结构，最终达到化解产能过剩矛盾的目的。例如，2013 年全球钢铁产能严重过剩，供给大于需求约 6 亿吨，再者原材料价格高、电力和燃料成本上升，世界钢铁企业都承受着巨大压力。但是，韩国钢铁企业却能在产能过剩背景下实现盈利。特别是被称为全球最具竞争力的钢铁公司——浦项制铁，2012 年销售额创下 35.7 万亿韩元的历史纪录，国际三大评级机构给予其全球钢铁企业最高评级。主要措施之一是加大在澳大利亚、巴西、加拿大和非洲等海外原材料市场的投资。Advincula（2000）认为韩国的对外直接投资能够实现国内低端产业向海外转移，不仅转移了国内过剩产能，而且提高了国内生产的技术密集度，促使国内产业结构的升级。

6.3　借鉴国际经验，化解中国过剩产能的对策建议

解决产能过剩问题应多管齐下，需要借鉴国际经验，针对不同类型、不同行业、不同规模企业的产能过剩，采取不同的治理策略。

程俊杰（2016）认为产能过剩供给方面的原因与需求方面的原因兼而有之。在需求方面，我们应该做“加法”和“除法”。所谓“加法”，是指采取刺激措施扩大内需；所谓“除法”方法，就是引导企业加快海外投资能力的转移，开拓国际市场。从供给侧治理过剩产能，除了要做好现有的“减法”外，还需要做好“乘法”。这里的“乘法”是指通过提高技术水平，促进产品差异化生产，从而促进产业转型升级。中国过剩产能行业通过对外投资的逆向技术溢出提升我国产业整体技术水平和产品全球竞争力。

6.3.1　加强政府宏观调控与完善市场调节机制并举

政府和市场的作用在现代市场经济活动中同等重要。要想充分发挥市场在资源配置中的决定作用，必须明确这只看得见的“手”应该伸向何处、可以伸多长，而只有管理好了政府这只“手”，市场这只看不见的“手”才能更好发挥作用。对于政府而言，要充分发挥其宏观调控的职能，加大财政支持力度，减少不必要的行政审批，促使市场更有活力；要对体制机制进行深层次的改革，遏制对资源配置的过多干预，创造更好发挥市场作用的良好环境；要加强法律法规建设，减少寻租行为带来的不利影响，杜绝体制性的产能过剩。根据国外化解产能过剩的经验，各个国家都根据自身产业结构的特点，完善了相关产业政策，如严格执行国家产业政策和行业准入规定，充分运用经济、法律等手段，引导企业淘汰落后产能和退出过剩行业等；加快产业结构调整，提高产业整体素质也是化解产能过剩矛盾的重要途径之一。同时，当国家面临产能过剩时，市场自发调节机制发挥了重要作用，通过建立健全市场准入和退出机制，发挥市场在资源配置中的作用，从根本上化解产能过剩，促进经济健康良好发展。

6.3.2 维持市场导向型对外直接投资规模，转移国内部分过剩产能

从国外经验来看，一方面强化国内体制改革，通过进一步深化体制改革，充实和完善相关的环境政策、财税政策等，构建防范和化解产能过剩的长效机制，如创新政府管理，营造公平环境，完善市场机制，建立起化解产能过剩的长效机制等。另一方面注重开掘海外市场，利用海外市场来消化产能过剩矛盾，以战略性制度创新为开放性经济发展提供制度支持，促进“走出去”战略的实施，实现过剩产能的海外转移。一直以来，中国市场导向型对外直接投资有着举足轻重的作用。

市场导向型对外直接投资是指企业以开拓海外市场为目的而进行的对外投资行为。根据《2021年度中国对外直接投资统计公报》数据显示，中国对发展中经济体的投资存量占比达到了80%以上，这在一定意义上说明市场寻求型模式在中国对外直接投资中占据绝对优势，而海外市场的扩大为化解国内过剩产能提供了更大的空间。因此，为了化解国内产能过剩，中国有必要维持市场导向型对外直接投资的规模，尤其面临逆全球化、国际金融危机阴霾未散、贸易保护主义逆流涌动、地缘政治板块碰撞之声不绝于耳等复杂的国际局势，通过对外投资扩大海外市场份额、避免不必要的贸易摩擦，不仅可能有效地满足东道国多样化的市场需求，如增加当地就业和税收，而且可以提高产品的国际竞争力，促进相关产业链上游和下游产品的生产与出口，从而达到缓解国内产能过剩的目的。

中国通过对外投资将国内“边际产业”转移到其他发展中国家。一方面，使得中国边际产业发挥比较优势作用的时间延长，可获取东道国廉价的劳动力与原材料等生产要素，从而实现成本最小化与利润最大化目的，并将获得的投资收益用于新技术的研发与创新。另一方面，可释放部分国内生产要素，为国内创新项目和新技术的研发提供更加广阔的发展空间。中国工业发展已经具备了相对成熟的生产技术与管理模式，随着人口红利逐渐消失与环境污染治理成本不断上升，中国大部分工业行业俨然已经或者将会处于比较劣势。但是，相对于其他发展中国家来说，中国这些行业仍然具备比较优势，因此，

可以通过对外投资将这些行业转移到东南亚、南亚、中亚、非洲等国家，在延长这些产业生命周期的同时，拓展了国内新兴产业的发展空间，输出并化解部分过剩产能。

推进“一带一路”倡议建设，积极开展国际产能合作，充分发挥投资化解过剩产能的替代作用。党的十九大报告中，明确提出要“推动形成全面开放格局”“创新对外投资方式，促进国际产能合作，形成面向全球的贸易、投融资、生产、服务网络，加快培育国际经济合作和竞争新优势”等主张，为中国推进国际化进程中促进产能合作奠定了基调。“一带一路”倡议的提出，为我国市场寻求型对外投资提供了更为广阔的市场。

中国对外直接投资可以将过剩产能配置到“一带一路”倡议沿线国家，因为这些国家大多是产能不足的国家。一方面，可以促进“一带一路”倡议沿线东道国家经济发展，获取更加广阔的市场；另一方面，可以对中国产能过剩领域的投资产生一定的替代效应。因此，面对“一带一路”倡议建设机遇，中国企业要积极培育中国的国际产能合作，促进中国过剩产能向境外转移；借助基础设施建设与产能开发合作，中国国内过剩产能向“一带一路”倡议沿线国家转移。在化解我国过剩产能矛盾的同时，亦能促进“一带一路”倡议沿线国家的经济发展，实现双赢。中国传统产能过剩行业应依据东道国的资源禀赋和经济发展水平选择投资目标国家和地区。例如，钢铁行业应主要投资于东南亚与南亚、西亚和北非、中欧及东欧等钢铁匮乏地区。水泥行业主要向中亚、东南亚、西亚、北非以及独联体国家投资，电解铝行业要向东南亚、南亚和中东欧投资，玻璃行业则主要投向中亚、东南亚、南亚、西亚北非以及独联体等国家。

以钢铁行业来说，相对发达国家我国钢铁行业整体水平处于劣势，但优于众多发展中国家，而发展中国家大多拥有一定的铁矿储备，而本国消费能力偏低，正是我国企业对外投资所要获取的资源与市场。钢铁工业消耗大量的原材料和能源，这些稳定的原料来源对钢铁行业的发展具有重要意义。就目前中国钢铁行业发展规模而言，国内铁矿石储备量相对不足，部分矿石质量较差，因此，中国进口铁矿石需求巨大。中国钢铁行业通过对外投资铁矿，能够获得长期稳定优质的铁矿石资源，也是中国钢铁行业可持续发展必由之路，对消化国内过剩产能有所益处。我国钢铁企业对外投资要选政治稳定、政策环境好、融资便利、基础设施要完备、铁矿石资源丰富的东道国进行投资。

另外，根据小岛清（1977）对外直接投资的出口创造效应可知，在短期内，出口的增加能够促使产能的直接输出而对产能过剩产生直接影响效应。目前，虽然与美国等发达国家的贸易摩擦加剧，技术壁垒与绿色壁垒等非关税壁垒严重阻碍了中国产品出口。例如，近期美国、欧盟等国家就纷纷对中国出口的钢材、镀锌、彩涂和棒线材征收了反倾销税，这使得中国产品出口受阻。但通过对外直接投资可以绕过技术贸易壁垒和避免被反倾销调查，从而更好地输出过剩产能；同时，能够加强与东道国的经济联系，为扩大中国出口贸易规模奠定良好的基础。

6.3.3 着力推进以技术为导向对外投资战略，化解与淘汰部分过剩产能

国外主要国家在化解产能过剩的过程中，其都十分重视科技创新对化解产能过剩的作用。一方面通过加大对研发投入，淘汰和整合一批落后产能，培育高端技术人才，推动企业与科研院所的沟通和交流，提高科研成果的转化率和利用率，进而推动企业技术创新和增加产业链附加值，促使一批企业通过技术创新焕发新的活力，产业竞争实力进一步增强，资源配置效率进一步提升，产业结构进一步优化，从而有效化解产能过剩矛盾，促进社会经济效益的提高。另一方面，通过对外投资的逆向技术溢出效应获取先进技术与管理经验，提高产品质量，提高劳动生产率，淘汰低端产业，扩大高端产业，达到优胜劣汰的目标，有效化解产能过剩的矛盾，实现资源的优化配置，促进产业深化创新和转型发展。

技术导向的对外投资战略是指企业以学习国外先进技术和管理模式为目的的对外投资。根据《2020 年中国对外直接投资统计公报》，中国对发达经济体的投资存量仅占 10.9％，这表明技术导向型对外直接投资在中国对外直接

投资中所占的比重较小。然而，从第五部分的实证结果来看，与市场导向型对外直接投资相比，技术导向型对外直接投资对化解过剩产能具有显著的作用。因此，有必要大力推动技术导向对外直接投资战略，整合和消除中国部分过剩产能。

我国跨国公司对发达国家的直接投资，能够方便快捷地学习发达国家先进的生产技术和管理模式进而传递回国内，产生直接效应。国内总（母）公司生产技术的改进与管理水平提升，通过激烈的市场竞争和强烈的产业链关联效应，产业内和产业间会掀起一股技术创新潮流。技术创新潮流将对整个产业的发展产生两种影响：首先，技术创新可以给跟上技术创新潮流的企业带来生产技术的进步和管理模式的改善，从而提高生产环节的生产效率，进一步提高供给侧的产能利用率。此外，技术创新可以提高产品质量，使产品更符合国内外市场的需求，从而增加产品销的售量，提高需求侧的产能利用率。其次，针对没能跟上技术创新潮流的企业，产品供给结构的变化在某种程度上会对产品需求结构的变化产生影响。在技术创新的潮流推动下，消费者对产品需求也会发生变化，而质量得到提高的产品更能够满足消费者的需求。因此，缺乏技术创新的企业所生产出来的产品市场需求量会萎缩，在激烈的市场竞争中，不具备消费市场的产品将会被市场所淘汰。

各方发力积极推动技术导向对外直接投资的发展战略：第一，从企业角度来看，企业不仅要重视技术在自身发展中的重要作用，更要意识到技术创新在降低过剩产能方面的作用。在不损害整体利益的情况下，企业在维持自身的个体利益同时，要兼顾整体利益，努力实现整体利益与个体利益协调发展。第二，从政府角度来看，政府需要采取相关政策鼓励企业开展技术导向型对外投资。第三，对于金融角度来看，金融机构可以通过给予优惠利率安排来促进企业开展技术导向型对外投资。

6.3.4　鼓励企业加大创新投入，提高产能利用率

中国已成为一个工业大国，但从产业链来看，中国一直处于产业链的低端，主要从事传统初级产品的生产与加工。劳动密集型和资源密集型产品成

为我国主要出口贸易商品，而技术密集型与资本密集型产品出口所占比重较小。然而，印度、越南等一些发展中国家的出口贸易商品结构与我国相似，产品之间可替代性越来越强，竞争日益激烈。此外，随着中国人口红利的消失和环保压力的加大，中国出口商品的成本优势与在国际市场上的竞争优势将渐渐消失；根据第五部分研究，扩大出口贸易的规模有助于化解过剩产能。扩大出口规模，必须调整出口产品结构和增加出口产品的附加值，使其更加符合市场的需求。企业要加大创新投入，激发企业对外投资的自主创新能力，提高出口产品在国际市场上的竞争力，而企业增加创新投入本身也可以在一定程度上化解产能过剩。

通过创新方式提高产能利用率的具体措施如下：第一，加大创新的投入。企业应该为创新活动投入更多的资金，以鼓励员工开展创新活动，激发他们的创新思维；国家应该设立专项资金用于鼓励企业开展创新活动，对企业创新活动给予奖励与补助。第二，加强对企业员工的教育和培训。中国拥有世界上最多的人口、丰富劳动力资源和低廉的价格，但这已经不再是中国唯一具有的特定优势，印度、越南、马来西亚等国家也具有低成本优势。当今国际竞争的实质，归根到底就是人才的竞争。因此，中国应该加强对劳动者的教育和培训，提高劳动者的劳动技能，培育劳动者创新能力，激发劳动者的创新思维，培养出更多的科技人才。第三，要培育出新的创新主体。在“大数据”和“互联网＋”时代，中国应该重点培育以现代信息技术和“互联网＋”为支撑的新业态、新产业和新模块的新型产业，从营造环境、专利保护和资金支持等多个角度打造创新主体，激发政府、企业、非营利组织、广大人民等主体的积极性和创造性，采取鼓励措施促使创新主体的地位和激情得到进一步提高，努力实现“大众创业，万众创新”。第四，积极引进和改进国外先进技术。中国是一个发展中大国，生产技术落后于美国和日本等发达国家。为了抢占市场份额，在国际竞争中占有一席之地，中国需要积极引进国外先进的生产技术并加以改进，使其更符合中国的生产方式，更具有国际市场竞争力。第五，扩大新技术应用范围。在中国，有能力进行技术改造与创新的企业绝大部分是大中型企业。然而，许多中小型企业受到投入资金和成本因素的限制，无法进行技术改造与创新，因而我国中小企业的生产技术无法提高。因此，为了改善整个产业的生产技术，提高整个产业的市场竞争力，需要将大中型企业改进的生产技术以较小的成本辐射到整条产业链上，使得部分中小型企业将改进后的技术应用到生产中，提高生产效率。

因此，要加大对创新的投入，不仅要依靠政府，更要依靠企业。不仅要加大对创新技术的投入，还要加大对创新型人才的培育；既要“引进来”，又要在本土化之后“走出去”。我们不仅需要“领头羊”，更需要“追随者”。在多方的共同努力下，全面推进技术进步，提高产能利用率，化解过剩产能。

6.3.5　面对新的国际形势，企业要遵循国际准则拓展海外投资

在逆全球化和贸易保护主义思潮抬头的背景下，为了保证中国对外投资的合理稳定增长，有必要坚持对外投资企业的合规经营。贸易保护主义抬头提高了对中国对外投资的监管与审核的要求，中国企业对外投资面临着新的挑战。因此，中国政府必须建立和完善企业境外投资的相关制度与法律法规，以使中国企业避免对外投资的各种风险。同时，对外投资企业还需要做到合规经营，以提高投资项目的稳定性与安全性。此外，面对逆全球化和贸易保护主义思潮的兴起，中国需要实施更加积极主动的开放战略，不断创造新的竞争优势，全面提高中国对外开放水平的广度和深度。

6.3.6　政府应从各方面发力，促进对外投资的发展

1. 进一步提升对外投资便利化程度

继续深化“放管服”改革，创新对外投资的管理方式，积极探索与国际投资标准相适应的管理体系。加强各部门的协调合作，精简对外投资的审批流程，缩短对外投资审批时间，提高对外投资的审批效率。深化外汇管理制度改革，创新对外投资的融资方式，拓宽企业的融资渠道，适时放宽跨境资本流动限制，有序推进人民币国际化，完善人民币跨境支付系统，支持人民币在跨境投资中的作用。加强对外投资的引导，确保对外投资与国内产业结

构优化调整相适应。加快推进与主要经济体自贸协定及双边投资协定的谈判进程，降低对外投资的进入阻力。

2. 完善对外投资监管体系

加强境外风险监测，建立健全对外投资风险预警体系，及时披露国别及产业投资风险。进一步完善国有企业境外投资管理制度，加强企业在经营过程中的监控，建立国有企业对外投资评估体系，防止国有资产流失。强化境外投资的信用体系建设，对具有扰乱国外经济秩序、危害国家声誉等行为的企业纳入到失信名单。加强企业海外融资行为的监管，确保外债规模合理，防止海外风险暴露向国内传导。

3. 加强企业与“一带一路”对接的服务功能

完善“一带一路”对外投资信息平台建设，加强对其沿线国家的政治、经济、法律与文化等方面的了解，减少企业对外投资信息的不对称。我们应该合理引导企业对“一带一路”的投资方向，完善企业在“一带一路”的重点行业及重点区域的战略布局，推动优势产能向沿线国家的转移，提高对“一带一路”投资的质量，避免企业对外投资的盲目性。加大对“一带一路”财税金融支持力度，对投资企业给予一定的税收优惠政策，充分发挥政策性银行的作用，为投资基建等回报率较低的企业提供长期稳定且较低成本的信贷资金支持。

6.3.7 推进“一带一路”建设、RCEP 区域投资合作与产能国际转移

随着我国经济步入“调结构、稳增长”新常态及“一带一路”建设的稳步推进和 RCEP 协议的生效实施，一方面我国需要将部分领域的产能转移出去以实现国内经济结构的转型升级；另一方面“一带一路”沿线大多数国家是发展中国家，人均收入水平较低，经济增长潜力较大，与中国产业互补性较强，未来区域之间产业相互合作空间非常广阔。中国可以加强与沿线国家在能源、资源的开发合作，实现开采、冶炼、加工一体化发展。在共建“一

带一路”中，中国具备多种战略优势与竞争优势。RCEP 协议的生效实施将降低贸易壁垒，改善商品和服务的市场准入，提高贸易和投资的透明度，能够进一步便利中国企业对外投资。通过加强国际合作，中国充分发挥自身优势，不仅有利于开拓广阔的国际市场，开创全方位对外开放格局，同时也有助于推动世界经济格局的均衡发展，实现区域合作共赢。

1. 抓住基础设施建设契机，推进我国装备制造业、原材料产业的国际转移

中国已跃居世界第一制造业大国，制造业的全球综合竞争力和影响力不断提升，强大的制造业实力不仅可以满足国内发展的需要，同时也足以支撑“一带一路”倡议沿线国家的基础设施建设和产业发展，涉及修路建桥、油气管道、输电网、跨境光缆等基础设施建设。对于“一带一路”倡议沿线国家和地区来说，基础设施滞后是制约其发展的重要瓶颈，而中国在基础设施、装备制造业等方面具有明显的技术优势和较强的国际竞争力。以装备制造业为例，产值超过全球的三分之一，多种装备产量世界第一，通过对外投资不仅能直接消化过剩产能并能带动原材料等相关产品出口，而且对提升产业竞争力，做强中国制造也有重要意义。为推动我国钢铁产能向外输出，要抓住国内钢铁行业结构调整的机遇，通过成套设备出口与投资等方式，在市场潜力巨大、资源条件良好及相关配套能力强的国家建立钢铁生产基地。同时，结合海外矿产资源的开发，延伸下游产业链，开展铜、铝等有色金属冶炼深加工，以促进成套设备产能向外输出。充分发挥国内行业骨干龙头企业及工程建设企业的作用，向产能不足的发展中国家进行投资，建立水泥、平板玻璃、新型建材等生产线，提高东道国工业产能，满足市场需求。

中国将重点推动实施周边铁路互联互通、非洲区域铁路网重点建设及高铁项目，充分发挥自身综合优势，积极开发实施城市轨道交通项目，推动我国轨道交通装备制造业向外转移。扩大电力对外投资，努力开拓有关国家火电和水电市场，鼓励以多种方式参与重大电力项目合作，尤其要推进重点项目的合作。为了提高通信网络设备制造业的国际市场竞争力，充分发挥中国大型通信网络设备制造企业的国际竞争优势，在巩固传统优势市场的同时，

要着力开拓发达国家市场。为了提高船舶高端产品的研发与制造能力，充分发挥船舶产能优势，中国要大力开拓高端船舶和海洋工程装备的国际市场，支持有实力的企业建立海外研发中心及销售服务基地，推动船舶过剩产能的国际转移。

2. 借力金融支持推进中国企业对外投资

金融是促进“一带一路”倡议建设和对外投资转移过剩产能的重要载体。一是要适当发挥开发性金融的引领作用。开发性金融是商业金融的先行者和开拓者，可以率先进入商业性金融无法或不想进入的领域。“一带一路”倡议建设中，基础设施、产业发展等重大项目因为建设周期长、资金缺口大、收益率低，商业性金融不想或无法直接参加其中，而开发性金融以信用开发为先导，可以较好地弥补商业性金融的不足。发挥开发性金融机构的积极作用，通过出口信贷、银团贷款与项目融资等多种方式，推进国内过剩产能的国际转移。二是充分发挥商业性金融的融资功能。除政策性金融以外，要结合“一带一路”倡议建设的特点，大力发展资本市场，拓宽融资渠道，积极运用创投基金、产业基金、保险资金推动资产证券化，发挥直接融资渠道的金融支持功能。激励商业性金融机构遵循商业可持续发展和风险可控的原则，为对外投资的项目融资提供支持，创新金融产品，完善金融服务；鼓励国内金融机构提高对境外资产或权益的处置能力。三是积极参与多边开发金融机构。2014 年，金砖五国成立金砖国家新开发银行，支持金砖国家其他发展中国的基础设施建设及可持续发展；同年 10 月，包括中国、新加坡、印度等在内的 21 个首批意向创始成员国决定成立亚洲基础设施投资银行，满足包括东盟成员国在内的亚太地区国家的基础设施融资需求。中国还积极参与其他国际性多边金融合作机构，为中国企业对外投资提供强大资金支持，加快中国过剩产能的国际转移。

3. 借力 RCEP，共同打造开放的、现代化的产业链供应链国际合作网络

在 RCEP 框架下，以用好区域原产地累积规则为重点，为企业加强区域

产业链供应链合作提供更多便利与支持。积极倡导 RCEP 成员国依托各自比较优势，按照市场规律推动产业链供应链在区域内合理布局，促进成员国之间实现优势互补，同时为东盟欠发达成员融入区域产业链供应链提供能力建设等方面的支持，共同打造互利共赢和更具韧性、可持续的产业链供应链国际合作网络，充分发挥供应链全球布局对中国经济社会发展的支撑能力，实现内外联动发展，加快产业升级，消化过剩产能。进一步释放 RCEP 与区域现有各类自贸协定叠加实施的经济红利，使欧洲、南亚、西亚乃至更多区域成为 RCEP 的受益者和支持者，增强 RCEP 对全球的溢出效应。

6.3.8 促进对外投资与区域制造业分工优化相融合、协调发展

由于中国各区域经济发展水平差异很大，这必然要求各区域在充分考虑自身实际的基础上，借助对外投资来提升当地制造业竞争力，以此为承接具有比较优势的国际制造业转移创造有利条件。东部地区作为中国制造业发展的“领头雁”，通过实施技术导向和效率导向等多样化对外投资战略，在将传统制造业的加工环节转移出去的同时，拓宽现代制造业发展的空间，率先实现制造业结构升级和成为中国利用高端制造业的“先锋阵地”。中西部地区制造业基础普遍薄弱，在短期内难以对高端制造业进入形成吸引力，需要通过承接对东部地区转移制造业以实现制造业更高层次的发展，并适时开展对外投资，促进结构升级和形成承接国际高端制造业的后发优势。

通过对外投资能促进国内区域间制造业平衡发展。尽管东部地区在对外投资动机上存在较大差异，但均能通过各自途径对其制造业结构产生间接影响，采取有效的区域转移策略，既有利于实现东部地区发展模式转变和市场扩张目标，同时也能促进中西部地区承接的制造业的资本与所在地市场潜力和要素禀赋相结合，实现跨越式发展。因此，加快实施多重动机导向的制造业对外投资战略和强化区域间市场联系和生产协作是提高东部地区向中西部地区制造业转移效率的重要途径。对于东部地区，通过对外投资加快制造业发展模式由初级要素驱动向高级要素驱动转变，构建新型比较优势和实现制造业结构升级，加速推动传统制造业资本向中西部地区转移；而对于中西部

地区，其结合自身经济发展水平，在尊重产业发展一般规律的前提下，承接贴合本地市场需求和优势要素特征的东部地区的制造业转移，深化区域间专业化分工，助力国际国内双循环的新发展理念。从长期来看，强化东部地区与中西部地区之间的制造业横纵向联系和联动增长，对于缩小区域间制造业发展差距和提升中国制造来整体竞争力尤为重要。这也是中国通过对外投资化解过剩产能的先决条件。

参考文献

[1] Chamberlin E H. The Theory of Monopolistic Competition [M]. Cambridge: Harvard University Press, 1933.

[2] Kamien M I, Schwartz N I. Uncertain Entry and Excess Capacity [J]. American Economic Review, 1972, 62 (5): 918-927.

[3] Kirkley J, Morrison C J, Squires D. Capacity and Capacity Utilization in Common-pool Resource Industries: Definition, Measurement, and a Comparison of Approaches [J]. Environmental and Resource Economics, 2002, 22 (2): 71-97.

[4] 江飞涛，曹建海．市场失灵还是体制扭曲——重复建设形成机理研究中的争论、缺陷与新进展 [J]．中国工业经济，2009 (1): 53-64.

[5] Paine C L. Rationalisation and the Theory of Excess Capacity [J]. Economica, 1936 (9): 46-60.

[6] Cassels J M. Excess Capacity and Monopolistic Competition [J]. The Quarterly Journal of Economics, 1937, 51: 426-443.

[7] 王岳平．我国产能过剩行业的特征分析及对策 [J]．宏观经济管理，2006 (6): 15-18.

[8] 汤伦．马克思政治经济学视角下当前我国产能过剩现象分析 [D]．合肥：安徽大学，2017.

[9] Fare R, Grosskopf S, Kokkelenberg E C. Measuring Plant Capacity, Utilization and Technical Change: A Nonparametric Approach [J]. International Economic Review, 1989, 30 (3): 655-666.

[10] 周劲. 产能过剩的概念、判断指标及其在部分行业测算中的应用 [J]. 宏观经济研究, 2007 (09): 33-39.

[11] 夏飞龙. 产能过剩的概念、判定及成因的研究评述 [J]. 经济问题探索, 2018 (12): 54-69.

[12] 张珊珊. 产能过剩问题的文献研究 [J]. 中国市场, 2019 (24): 70+72.

[13] Wenders J T. Excess Capacity as a Barrier to Entry [J]. Journal of Industrial Economics, 1971, 20 (1): 14-19.

[14] Spence A M. Entry, Capacity, Investment and Oligopolistic Pricing [J]. The Bell Journal of Economics, 1977, 8 (2): 534-544.

[15] Primeaux W J J R. The Effect of Competition on Capacity Utilization in the Electric Utility Industry [J]. Economic Inquiry, 1978, 16 (4): 237-248.

[16] Hilke J C. Excess Capacity and Entry: Some Empirical Evidence [J]. The Journal of Industrial Economics, 1984, 33 (2): 233-240.

[17] 吕政, 曹建海. 竞争总是有效率的吗——兼论过度竞争的理论基础 [J]. 中国社会科学, 2000 (6): 4-11.

[18] 牛桂敏. 从过度竞争到有效竞争: 我国产业组织发展的必然选择 [J]. 天津社会科学, 2001 (3): 63-66.

[19] 杨蕙馨. 中国企业的进入退出——1985—2000 年汽车与电冰箱产业的案例研究 [J]. 中国工业经济, 2004 (3): 99-102.

[20] 周枝田, 夏洪胜. 长期性产能过剩问题原因探究 [J]. 商业时代, 2006 (10): 20-22.

[21] 路楠林. 产能过剩与市场结构的相关性研究 [D]. 长春: 吉林大学, 2007.

[22] 巴曙松. 当前产能是否真的过剩 [J]. 中国投资，2006 (7)：16-17.

[23] 文常明. 当前中国某些行业产能过剩问题探析 [J]. 经济研究导刊，2010 (12)：7-8.

[24] 陆正华，黄文瑜. 市场环境、企业负债和产能过剩的关系分析 [J]. 商业经济研究，2017 (4)：104-105.

[25] 魏后凯. 从重复建设走向有序竞争（第1版）[M]. 北京：人民出版社，2001：56-60.

[26] 曹建海. 我国重复建设的形成机理与政策指施 [J]. 中国工业经济，2002 (4)：26-31.

[27] 陈玲. 重复建设：性质与原因的分析 [J]. 福州大学学报，2004 (4)：10-12.

[28] 周黎安. 晋升博弈中政府官员的激励与合作——论我国地方保护主义和重复建设问题长期存在的原因 [J]. 经济研究，2004 (6)：33-40.

[29] 闻潜. 我国产能过剩与经济高位运行的关系 [J]. 经济纵横，2006 (11)：20-22.

[30] 耿强，江飞涛，傅坦. 政策性补贴、产能过剩与中国的经济波动——引入产能利用 RBC 模型的实证检验 [J]. 中国工业经济，2011 (5)：27-36.

[31] 杨振. 激励扭曲视角下的产能过剩形成机制及其治理研究 [J]. 经济学家，2013 (10)：48-54.

[32] 杨振. 产能过剩调控政策与治理体系研究 [M]. 北京：中国社会科学出版社，2017.

[33] 王立国，高越青. 建立和完善市场退出机制有效化解产能过剩 [J]. 宏观经济研究，2014 (10)：8-21.

[34] 罗弘毅. 产能过剩中的政府干预因素分析 [J]. 地方财政研究，2017 (1)：76-80.

[35] 孔婷婷，扈文秀. 政府干预视角下的产能过剩形成路径及治理研究 [J]. 经济论坛，2017 (1)：141-143.

[36] 张亚斌，朱虹，范子杰．地方补贴性竞争对我国产能过剩的影响——基于倾向匹配倍差法的经验分析 [J]．财经研究，2018，44（5）：36-47＋152.

[37] 孙国锋，赵敏，王渊，唐丹丹．地方政府干预对产能过剩的空间外溢效应研究 [J]．审计与经济研究，2018，33（6）：90-102.

[38] 鞠蕾，王璐．地方政府不当竞争、要素市场扭曲与产能过剩 [J]．财经问题研究，2018（08）：26-33.

[39] 刘奕，林轶琼．地方政府补贴、资本价格扭曲与产能过剩 [J]．财经问题研究，2018（11）：34-41.

[40] 徐齐利，聂新伟，范合君．政府补贴与产能过剩 [J]．中央财经大学学报，2019（2）：98-118＋128.

[41] 陈俊龙，李良哲，朱婧．政府行为与产能过剩的形成、治理分析——基于 2006—2016 年工业行业面板数据的实证研究 [J]．东北大学学报（社会科学版），2019，21（4）：360-366.

[42] 陈晓珊，刘洪铎．对外开放、金融发展与产能过剩化解——基于我国国有企业 供给侧结构性改革的视角 [J]．财经科学，2016（10）：1-10.

[43] 钱爱民，付东．金融生态环境、金融资源配置与产能过剩 [J]．经济与管理研究，2017，38（05）：54-65.

[44] 张德刚，蒋艳．银行信贷、投资扩张与产能过剩的相关性研究——以供给侧改革为背景 [J]．会计之友，2017（11）：61-67.

[45] 张亚斌，熊雅澜，李轩．金融杠杆影响中国工业产能过剩的实证分析 [J]．湖南大学学报（社会科学版），2019，33（4）：45-50.

[46] KleinL R. Some Theoretical Issues in the Measurement of Capacity [J]. Econometric，1960，28（2）：272-286.

[47] Kirkley J，Squires D. Measuring Capacity and Capacity Utilization in Fisheries [J]. FAQ fisheries Technical Paper. 1999，386（4）：75-200.

[48] Phillips A. An Appraisal of Measures of Capacity [J]. American Eco-

nomic Review, 1963, 53 (2): 275-292.

[49] Frank D L. Book Review: The Wharton Index of Capacity Utilization by Lawrence R. Klein and RobertSummers [J]. American Economic Review, 1968 (58): 993-995.

[50] Hsu T. Simple capacity indicators for peak to peak and data envelopment analyses of fishing capacity [J]. FAO Fisheries Technical Report, 2003 (43): 233-260.

[51] 沈利生. 我国潜在经济增长率变动趋势估计 [J]. 数量经济技术经济研究, 1999 (12): 3-6.

[52] 熊思觅. 产能利用水平与通货膨胀的相关性研究 [D]. 大连: 东北财经大学, 2011.

[53] Hickman. On a New Method of Capacity Estimation [J]. Journal of the American Statistical Association, 1964, 59: 529-549.

[54] Morrison C J. Primal and Dual Capacity Utilization: An Application to Productivity Measurement in the U. S. Automobile Industry [J]. Journal of Business & Economic Statistics, 1985 (3): 312-324.

[55] Segerson K, Squires D. On the Measurement of Economic Capacity Utilization for Multi-product Industries [J]. Journal of Econometric, 1990, 44: 347-361.

[56] Lazkano. Cost Structure and Capacity Utilisation in Multi-product Industries: An Application to the Basque Trawl Industry [J]. Environmental Resource Economics, 2008, 41: 189-207.

[57] 孙巍, 李何, 王文成. 产能利用与固定资产投资关系的面板数据协整研究——基于制造业 28 个行业样本 [J]. 经济管理, 2009 (3): 38-43.

[58] 韩国高, 高铁梅, 王立国等. 中国制造业产能过剩的测度、波动及成因研究 [J]. 经济研究, 2011 (12): 18-31.

[59] 吕品, 李超超, 杨君. 外部需求扩张能否提高中国制造业的产能利用率——基于 GMM 和 LSDV 法的面板数据分析 [J]. 国际贸易问题, 2016

(7): 40-50.

[60] 杨震宇. 我国战略性新兴产业产能过剩程度的测度 [J]. 管理现代化, 2016, 36 (1): 23-25.

[61] 潘富荣. 中国省际产能过剩的测度与成因研究 [D]. 天津: 天津财经大学, 2017.

[62] 夏飞龙. 产能利用率测算比较与产能过剩研究——基于1996—2015年我国制造业面板数据 [J]. 中国流通经济, 2018, 32 (7): 71-82.

[63] Klein L R, Preston R S. Some New Results in the Measurement of Capacity Utilization [J]. The American Economic Review, 1967, 57 (1): 34-58.

[64] Artus J R. Measures of Potential Output in Manufacturing for Eight Industrial Countries, 1955—1978 [R]. IMF Staff Papers, 1977, 24 (1): 1—35.

[65] 王辉, 张月友. 战略性新兴产业存在产能过剩吗? ——以中国光伏产业为例 [J]. 产业经济研究, 2015 (01): 61-70+82.

[66] 李瑞杰. 我国省域工业产能过剩测度 [D]. 兰州: 西北师范大学, 2017.

[67] 蔡勤城. 煤炭产能过剩形成机理及过剩测算研究——以山西煤炭产业为例 [J]. 内蒙古煤炭经济, 2018 (11): 46-49.

[68] Aigner D, Knox L C A, Peter Schmidt. Formulation and estimation of stochastic frontier production function models [J]. Journal of Econometric, 1977, 6 (1): 21-37.

[69] Bruno de Borger B D, Kerstens K. The Malmquist Productivity Index and Plant Capacity Utilization [J]. The Scandinavian Journal of Economics, 2000, (102): 303-310.

[70] Kirkley J, Morrison C J, Squires D. Capacity and Capacity Utilization in Common-pool Resource Industries: Definition, Measurement, and a Comparison of Approaches [J]. Environmental and Resource Economics, 2002, 22 (2): 71-97.

[71] Lindebo E, Hoff A, Vestergaard N. Revenue-based Capacity Utilisation Measures and Decomposition: The Case of Danish North Sea Trawlers [J]. European Journal of Operational Research, 2007, 180): 215-227.

[72] Bye T, Bruvoll A, Larsson J. Capacity Utilization in a Generalized Malmquist Index Including Environmental Factors-A Decomposition Analysis [J]. Land Economics, 2009, 85: 529-538.

[73] Karagiannis R. A System-of-equations Two-stage DEA Approach for Explaining Capacity Utilization and Technical Efficiency [C]. Annals of Operations Research , 2013.

[74] 孙巍，何彬，武治国. 现阶段工业产能过剩“窖藏效应”的数理分析及其实证检验 [J]. 吉林大学社会科学学报，2008 (1)：68-75+159.

[75] 杨艳靓. 中国汽车市场产能利用率和边际成本研究 [D]. 上海：复旦大学，2013.

[76] 杨振兵，张诚. 中国工业部门产能过剩的测度与影响因素分析 [J]. 南开经济研究，2015 (6)：92-109.

[77] 谢洪军，张慧，李颖. 基于 SFA 的我国制造业产能利用率测度与差异性分析 [J]. 商业经济研究，2015 (4)：120-122.

[78] 李铁伦. 中国制造业产能过剩的测度及其影响因素分析 [D]. 济南：山东大学，2016.

[79] 张少华，蒋伟杰. 中国的产能过剩：程度测算与行业分布 [J]. 经济研究，2017，52 (01)：89-102.

[80] 唐志军，庞景景. 谁制造了我国的产能过剩？——基于经 SFA 修订的 DEA 法的分所有制测度及原因分析 [J]. 河北经贸大学学报，2019，40 (3)：10-22.

[81] Shaikh A M, Moudud J K. Measuring Capacity Utilization in OECD Countries: A Cointegration Method [Z]. Levy Economics Institute of Bard College Working Paper, No. 415, 2004.

[82] 李双燕，苗进．地区腐败、市场化程度与产能过剩［J］．当代经济科学，2018，40（02）：94-103＋127-128.
[83] 鲍小雨．安徽省钢铁行业产能过剩的测度及对出口的影响［D］．合肥：安徽大学，2018.
[84] 邓忠奇，刘美麟，庞瑞芝．中国钢铁行业产能过剩程度测算及去产能政策有效性研究［J］．中国地质大学学报（社会科学版），2018，18（6）：131-142.
[85] 苏剑．产能过剩背景下的中国宏观调控［J］．经济学动态，2010（10）：47-51.
[86] 张新海．产能过剩的定量测度与分类治理［J］．宏观经济管理，2010（1）：50-51＋54.
[87] 江飞涛，耿强，吕大国，李晓萍．地区竞争、体制扭曲与产能过剩的形成机理［J］．中国工业经济，2012（6）：44-56.
[88] 杨振．激励扭曲视角下的产能过剩形成机制及其治理研究［J］．经济学家，2013（10）：48-54.
[89] 秦玄．有效化解产能过剩的思考［J］．宏观经济管理，2014（9）：65-67＋78.
[90] 何维达，潘峥嵘．产能过剩的困境摆脱：解析中国钢铁行业［J］．广东社会科学，2015（1）：26-33.
[91] 张杰．基于产业政策视角的中国产能过剩形成与化解研究［J］．经济问题探索，2015（2）：10-14.
[92] 马军，窦超．我国钢铁行业产能利用率的测度及产能过剩影响因素分析［J］．经济问题，2017（2）：85-90.
[93] 白雪洁，闫文凯．中国新兴产业产能过剩的形成机理及疏解策略——基于光伏行业的案例分析［J］．南开学报（哲学社会科学版），2017（1）：133-142.
[94] 陈俊龙，牛月．市场不确定性、政府规制与产能过剩分析［J］．软科学，2018，32（10）：38-42.

[95] 杨振兵. 产能过剩治理：靠政府还是靠市场 [J]. 现代财经（天津财经大学学报），2018，38（05）：3-16.

[96] 赵国华，陈岩. "一带一路"战略契机下我国钢铁企业对印尼的直接投资 [J]. 对外经贸实务，2015（8）：84-86.

[97] 李新创. "一带一路"战略对我国钢铁"走出去"的机遇分析 [N]. 世界金属导报，2015-09-01（A06）.

[98] 郑蕾，刘志高. 中国对"一带一路"沿线直接投资空间格局 [J]. 地理科学进展，2015（5）：563-570.

[99] 刘瑞，高峰. "一带一路"战略的区位路径选择与化解传统产业产能过剩 [J]. 社会科学研究，2016（1）：45-56.

[100] 闫磊，秦浩，陈云霞. "一带一路"共建框架下产能过剩转移与产业合作共 赢的博弈——国家价值链重构系列研究 [J]. 商业经济研究，2016（21）：190-192.

[101] 刘航，孙早. 有偏技术进步与工业产能过剩——基于开放格局的供给侧改革 [J]. 经济学家，2017（1）：47-54.

[102] 张林. 中国式产能过剩问题研究综述 [J]. 经济学动态，2016（9）：90-100.

[103] Kojima K. Direct Foreign Investment：a Japanese Model of Multinational Business Operations [M]. Croom Helm，1978.

[104] Dunning J H. International production and the multination enterprise，London [M]. Allen & Unwin，1981，117-123.

[105] Wells L J. Third World Multinationals the Rise of Foreign Direct Investment from Developing Countries [M]. New York Wiley，1983，99-107.

[106] Cantwell J A，Tolentino P E. Technological accumulation and Third World multinationals [J]. International Investment and Business Studies，1990，139：237-245.

[107] Gary A S. Cook，Naresh R. Pandit. Geographic clustering and out-

ward foreign direct investment [J]. International Business Review, 2012, 21 (6): 1112-1121.

[108] Ramasamy B, Yeung M, Laforet S. China's Outward Foreign Direct Investment: Location Choice and Firm Ownership [J]. Journal of World Business, 2012, 47 (1): 17-25.

[109] Baomin Dong, Guixia Guo A Model of China's Export Strengthening Outward FDI [J]. China Economic Review , 2013, 27: 208-226.

[110] Chiara Franco. Exports and FDI motivations: Empirical evidence from U. S. foreign subsidiaries [J]. International Business Review, 2013, 22 (1): 47-62.

[111] Stoian C. Extending Dunning's Investment Development Path: The role of home country institutional determinants in explaining outward foreign direct investment. International Business Review, 2013, 22 (3): 615-637.

[112] Chung S. Environmental Regulation and Foreign Direct Investment: Evidence from South Korea [J]. Journal of Development Economics, In Press, Accepted Manuscript, Available online 13 January, 2014.

[113] Yong-hua Wang, Guo-liang Luo, Yi-wei Guo. Why is there overcapacity in China's PV industry in its early growth stage? [J]. Renewable Energy, 2014, 72 (12): 188-194.

[114] 孟醒，董有德. 社会政治风险与我国企业对外直接投资的区位选择 [J]. 国际贸易问题，2015 (4): 106-115.

[115] 赵蓓文. 经济全球化新形势下中国企业对外直接投资的区位选择 [J]. 世界经济研究，2015 (6): 119-126+129.

[116] 陈兆源. 东道国政治制度与中国对外直接投资的区位选择——基于2000—2012年中国企业对外直接投资的定量研究 [J]. 世界经济与政治，2016 (11): 129-156+160.

[117] 张亚斌. "一带一路"投资便利化与中国对外直接投资选择——基于跨

国面板数据及投资引力模型的实证研究［J］. 国际贸易问题，2016（9）：165-176.

［118］刘再起，王阳. 经济资源、制度环境与我国对欧盟直接投资的区位选择［J］. 经济管理，2016（2）：1-13.

［119］杨娇辉，王伟，谭娜. 破解中国对外直接投资区位分布的“制度风险偏好”之谜［J］. 世界经济，2016（11）：3-27.

［120］马妍妍，王世进. 江苏企业对外直接投资区位选择影响因素实证研究［J］. 经济论坛，2017（3）：24-27.

［121］姚战琪. “一带一路”战略下我国对外直接投资效率的影响因素及区位选择［J］. 经济纵横，2016（12）：59-66.

［122］李宁奇，曹秋菊. 中国对“一带一路”沿线直接投资的区位选择——基于投资引力模型［J］. 商场现代化，2017（2）：19-21.

［123］方英，池建宇. 政治风险对中国对外直接投资意愿和规模的影响——基于实物期权和交易成本的视角［J］. 经济问题探索，2015（7）：99-106.

［124］张艳辉，杜念茹，李宗伟，石泉. 国家政治风险对我国对外直接投资的影响研究——来自112个国家的经验证据［J］. 投资研究，2016（2）：19-30.

［125］潘镇，金中坤. 双边政治关系、东道国制度风险与中国对外直接投资［J］. 财贸经济，2015（6）：85-97.

［126］蒋冠宏. 制度差异、文化距离与中国企业对外直接投资风险［J］. 世界经济研究，2015（8）：37-47＋127-128.

［127］崔娜，柳春，胡春田. 中国对外直接投资效率、投资风险与东道国制度——来自“一带一路”沿线投资的经验证据［J］. 山西财经大学学报，2017（4）：27-38.

［128］贺宁华. 丝绸之路经济带建设中我国企业对外直接投资面临的风险防范研究——基于丝路沿线国家经济基本状况的分析［J］. 经济体制改革，2016（4）：133-138.

[129] 郭建宏. 中国的对外直接投资风险及对策建议 [J]. 国际商务研究，2017 (1)：75-84.

[130] 宋勇超. 中国对外直接投资的逆向技术溢出效应研究——理论模型与实证检验 [J]. 经济经纬，2015 (3)：60-65.

[131] 李燕，李应博. 对外直接投资技术溢出与科技进步关系研究 [J]. 科研管理，2015 (12)：56-64.

[132] 吴哲，范彦成，陈衍泰，黄莹. 新兴经济体对外直接投资的逆向知识溢出效应——中国对“一带一路”国家 OFDI 的实证检验 [J]. 中国管理科学，2015 (S1)：690-695.

[133] 陈强，刘海峰，汪冬华，徐驰. 中国对外直接投资能否产生逆向技术溢出效应? [J]. 中国软科学，2016 (7)：134-143.

[134] 叶娇，赵云鹏. 对外直接投资与逆向技术溢出——基于企业微观特征的分析 [J]. 国际贸易问题，2016 (1)：134-144.

[135] 梁文化，刘宏. 对外直接投资驱动中国技术进步的机理与实证研究——基于比较视角的分析 [J]. 经济问题探索，2017 (2)：111-117.

[136] 吴书胜，李斌. 中国对外直接投资逆向技术溢出非线性效应研究——基于面板平滑转换模型的实证分析 [J]. 世界经济研究，2015 (9)：74-85+128.

[137] 尹东东，张建清. 我国对外直接投资逆向技术溢出效应研究——基于吸收能力视角的实证分析 [J]. 国际贸易问题，2016 (1)：109-120.

[138] 白玫，刘新宇. 中国对外直接投资对产业结构调整影响研究 [J]. 国际贸易，2014 (2)：38-43.

[139] 陈建奇. 对外直接投资推动产业结构升级：赶超经济体的经验 [J]. 当代经济科学，2014 (6)：71-77+124.

[140] 周荣敏. 对外直接投资、产业升级与企业国际化路径选择 [J]. 经济问题，2015 (8)：71-75.

[141] 于世海，陈光春. 中国对外直接投资与国内产业升级的动态关系——基于 VAR 模型与脉冲响应函数的实证分析 [J]. 经济体制改革，2015

(6)：137-143.

[142] 陈琳，朱明瑞. 对外直接投资对中国产业结构升级的实证研究：基于产业间和产业内升级的检验 [J]. 当代经济科学，2015 (6)：116-121+126.

[143] 贾妮莎，申晨. 中国对外直接投资的制造业产业升级效应研究 [J]. 国际贸易问题，2016 (8)：143-153.

[144] 王丽，张岩. 对外直接投资与母国产业结构升级之间的关系研究——基于1990—2014年OECD国家的样本数据考察 [J]. 世界经济研究，2016 (11)：60-69+136.

[145] 许立伟，王跃生. 中国对外直接投资促进地区产业结构升级的门限效应研究 [J]. 河南大学学报（社会科学版），2019，59 (02)：26-32.

[146] 林志帆. 中国的对外直接投资真的促进出口吗 [J]. 财贸经济，2016 (2)：100-113.

[147] 呙小明，黄森. 重庆对外直接投资对出口贸易影响的实证研究 [J]. 山东农业工程学院学报，2017 (1)：45-49.

[148] 唐礼智，章志华. 中国对外直接投资的贸易效应研究 [J]. 统计与决策，2015 (11)：145-147.

[149] 乔晶，胡兵. 对外直接投资如何影响出口——基于制造业企业的匹配倍差检验 [J]. 国际贸易问题，2015 (4)：126-136.

[150] 刘薇，李冉. 中国对“一带一路”沿线国家直接投资的出口贸易效应研究 [J]. 价格月刊，2018 (01)：80-85.

[151] 顾雪松，韩立岩，周伊敏. 产业结构差异与对外直接投资的出口效应——“中国—东道国”视角的理论与实证 [J]. 经济研究，2016 (4)：102-115.

[152] 董小君. 通过国际转移化解过剩产能：全球五次浪潮、两种模式及中国探索 [J]. 经济研究参考，2014 (55)：3-18+53.

[153] 何维达，辛宇非. “马歇尔计划”的成功经验对“一带一路”建设的启示 [J]. 学术论坛，2015 (8)：80-84.

[154] 刘建江，罗双成，凌四立. 化解产能过剩的国际经验及启示 [J]. 经济纵横，2015 (6) 111-114.

[155] 彭凯，段元萍. 日美对外投资经验对我国“一带一路”战略的启示 [J]. 改革与开放，2015 (17)：43-45.

[156] 卓丽洪，贺俊，黄阳华. “一带一路”战略下中外产能合作新格局研究 [J]. 东岳论丛，2015 (10)：175-179.

[157] 钟飞腾. “一带一路”产能合作的国际政治经济学分析 [J]. 山东社会科学，2015 (8)：40-49.

[158] 苏杭. “一带一路”战略下我国制造业海外转移问题研究 [J]. 国际贸易，2015 (3)：18-21.

[159] 李婧. “一带一路”背景下中国对俄投资促进战略研究 [J]. 国际贸易，2015 (8)：25-29.

[160] 张先锋，蒋慕超，刘有璐，吴飞飞. 化解过剩产能的路径：出口抑或对外直接投资 [J]. 财贸经济，2017，38 (9)：63-78.

[161] 赵文报，李英. “走出去”化解钢铁行业产能过剩问题研究 [J]. 河北经贸大学学报，2018，39 (02)：78-86.

[162] 迟歌. “一带一路”背景下 OFDI 缓解产能过剩的路径探析 [J]. 现代管理科学，2018 (11)：78-80.

[163] 杨振兵. 对外直接投资、市场分割与产能过剩治理 [J]. 国际贸易问题，2015，(11)：121-131.

[164] 陈岩，翟瑞瑞. 对外投资、转移产能过剩与结构升级 [J]. 广东社会科学，2015 (1)：5-16.

[165] 倪中新，卢星，薛文骏. “一带一路”战略能够化解我国过剩的钢铁产能吗——基于时变参数向量自回归模型平均的预测 [J]. 国际贸易问题，2016 (3)：161-174.

[166] 王继源，陈璋，龙少波. “一带一路”基础设施投资对我国经济拉动作用的实证分析——基于多部门投入产出视角 [J]. 江西财经大学学报，2016 (2)：11-19.

[167] 温湖炜. 中国企业对外直接投资能缓解产能过剩吗——基于中国工业企业数据库的实证研究 [J]. 国际贸易问题，2017 (04)：107-117.

[168] 王自锋，白玥明. 产能过剩引致对外直接投资吗？——2005～2007 年中国的经验研究 [J]. 管理世界，2017 (08)：27-35＋63.

[169] 刘建勇，江秋丽. 海外并购、技术创新与企业产能过剩 [J]. 会计之友，2019 (12)：100-104.

[170] 董小君. 通过国际转移化解过剩产能：全球五次浪潮、两种模式及中国探索 [J]. 经济研究参考，2014 (55)：12。

[171] 蒋冠宏，蒋殿春. 中国企业对外直接投资的"出口效应" [J]. 经济研究，2014，49 (05)：160-173.

[172] 毛其淋，许家云. 中国对外直接投资促进抑或抑制了企业出口？ [J]. 数量经济技术经济研究，2014，31 (09)：3-21.

[173] 赵明亮，杨蕙馨. "一带一路"战略下中国钢铁业过剩产能化解：贸易基础、投资机会与实现机制 [J]. 华东师范大学学报 (哲学社会科学版)，2015，47 (04)：84-92＋169-170.

[174] 刘航，李平，杨丹辉. 出口波动与制造业产能过剩——对产能过剩外需侧成因的检验 [J]. 财贸经济，2016 (05)：91-105.

[175] 张先锋，蒋慕超，刘有璐，吴飞飞. 化解过剩产能的路径：出口抑或对外直接投资 [J]. 财贸经济，2017，38 (09)：63-78.

[176] 项本武. 对外直接投资对国内投资的影响——基于中国数据的协整分析 [J]. 中南财经政法大学学报，2007 (05)：82-86.

[177] 杜威剑，李梦洁. 对外直接投资会提高企业出口产品质量吗——基于倾向得分匹配的变权估计 [J]. 国际贸易问题，2015 (08)：112-122.

[178] 杨振兵. 对外直接投资、市场分割与产能过剩治理 [J]. 国际贸易问题，2015 (11)：121-131.

[179] 刘建勇，江秋丽. 海外并购、技术创新与企业产能过剩 [J]. 会计之友，2019 (12)：100-104.

[180] Battese G E，Coelli T J. A Model for Technical in Efficiency Effects in

a Stochastic Production Frontier for Panel Data [J]. Empirical Economics, 1995, 20 (2): 325-332.

[181] MacKinnon D P, Warsi G, DwyerJ. H. A simulation study of mediated effect measures [J]. Multivariate Behavioral Research, 1995 (30): 41-62.

[182] 温忠麟，张雷，侯杰泰，刘红云. 中介效应检验程序及其应用 [J]. 心理学报，2004 (5): 614-620.

[183] 温忠麟，叶宝娟. 中介效应分析：方法和模型发展 [J]. 心理科学进展，2014 (5): 731-745.

[184] 程俊杰. 中国转轨时期产能过剩测度、成因及影响 [M]. 北京：中国财经出版传媒集团，2016.

[185] 曹秋菊. 对外直接投资与产能过剩化解 [J]. 求索，2016 (06): 80-84.

[186] 武玲娣，周明. 资本结构与产能过剩——整合微观—中观—宏观分析的拉赫曼视角的解释 [J]. 西北大学学报（哲学社会科学版），2018，48 (01): 95-104.

[187] 孙国锋，赵敏. 外资企业进入、政府补贴与产能过剩——基于 FS、FP、SP 和 FSP 混合寡占竞争模型的研究 [J]. 长春理工大学学报（社会科学版），2018，31 (01): 64-71.

[188] 邵文彬，李方一. 产能过剩背景下我国高耗能行业增长的动因分析 [J]. 软科学，2018，32 (01): 41-46.

[189] 白雪洁，于志强. 资源配置、技术创新效率与新兴产业环节性产能过剩——基于中国光伏行业的实证分析 [J]. 当代财经，2018 (01): 88-98.

[190] 韩国高. 环境规制、技术创新与产能利用率——兼论“环保硬约束”如何有效治理产能过剩 [J]. 当代经济科学，2018，40 (01): 84-93+127.

[191] 王辉. 江苏省制造业产能过剩的测算与分析 [J]. 市场周刊（理论研

究），2018（01）：59-61.

[192] 顾晓安，蔡玲．产能过剩、企业经营风险与地区金融安全——来自山西省煤炭上市公司的经验证据［J］．当代经济管理，2018，40（08）：70-75.

[193] 林陟峰，何维达．产能过剩到供给侧改革视角下一般制造业全要素生产率演变研究——以北京为例［J］．统计与信息论坛，2018，33（02）：51-58.

[194] 王瑶．政府干预、企业创新能力与产能过剩［D］．吉林大学，2018.

[195] 郭楚怡．政府补贴、产业同构与战略性新兴产业产能过剩［D］．长沙：湖南大学，2018.

[196] 鲍小雨．安徽省钢铁行业产能过剩的测度及对出口的影响［D］．合肥：安徽大学，2018.

[197] 唐叶．中国产能过剩问题研究综述［J］．经济研究参考，2018（14）：35-41.

[198] 顾智鹏，尹敬东，李杏，杨振兵．地方政府行为、土地供应与产能过剩［J］．江苏社会科学，2018（02）：48-60.

[199] 孙亮，何淼．信贷错配对产能过剩的影响研究——基于35个工业行业的经验证据［J］．成都理工大学学报（社会科学版），2018，26（02）：62-72.

[200] 王宇，罗悦．外需引导与政府补贴下战略性新兴产业的产能过剩研究——以光伏产业为例［J］．现代经济探讨，2018（03）：78-87.

[201] 付东．产能过剩定量测算研究综述［J］．河南教育学院学报（哲学社会科学版），2018，37（01）：74-78.

[202] 马红旗，黄桂田，王韧，申广军．我国钢铁企业产能过剩的成因及所有制差异分析［J］．经济研究，2018，53（03）：94-109.

[203] 徐齐利，王文举，聂新伟．行业前景、市场占先与产能过剩［J］．产业经济评论，2018（02）：10-34.

[204] 张星．兼并重组治理产能过剩问题研究［D］．成都：四川师范大学，2018.

[205] 王志华，焦海霞，高杰. 长三角资源型制造业地理集中与产能过剩的关系分析 [J]. 统计与决策，2018，34 (06)：140-143.
[206] 鲍昱. 我国钢铁行业产能过剩对碳排放的影响研究 [D]. 哈尔滨：哈尔滨工程大学，2018.
[207] 李轩. 金融杠杆加剧我国工业产能过剩的机理及实证研究 [D]. 长沙：湖南大学，2018.
[208] 张滨沙. 中国工业行业产能过剩的形成机理、测度及影响因素研究 [D]. 长沙：湖南大学，2018.
[209] 汤兆博. 产能过剩工业企业转型升级研究 [D]. 昆明：昆明理工大学，2018.
[210] 王萌. 财政刺激对产能过剩的影响机制研究 [D]. 南京：南京航空航天大学，2018.
[211] 王文静. 中国煤炭产业产能过剩的测度与成因分析 [D]. 南京：江苏大学，2018.
[212] 孙安其. 产能过剩与审计治理——基于审计费用风险溢价的实证研究 [J]. 上海财经大学学报，2018，20 (02)：25-38+124.
[213] 刘智勇. 地方政府竞争与产能过剩 [D]. 厦门：厦门大学，2018.
[214] 卢俊芳. 中国式补贴竞争下的周期性产能过剩：理论与实证分析 [D]. 南京：南京大学，2018.
[215] 杨丽梅，冯立格. 供给侧改革背景下我国钢铁行业产能过剩问题研究 [J]. 中国集体经济，2018 (10)：71-72.
[216] 张皓，张梅青，黄彧. 产能过剩对企业全要素生产率的影响——特征事实与经验证据 [J]. 云南财经大学学报，2018，34 (04)：32-45.
[217] 尹希文. 产品创新和城镇化对产能过剩的影响 [J]. 当代经济研究，2018 (04)：70-76.
[218] 白刚，佘元冠. 我国制造业产能过剩的管理学分析 [J]. 科学管理研究，2018，36 (02)：47-50.
[219] 皮建才，赵润之. 上游国有企业混合所有制改革与下游民营企业产能过

剩［J］. 学术研究，2018（04）：98-105.
［220］金家文，吴义刚. 安徽省制造业产能过剩测度［J］. 牡丹江大学学报，2018，27（04）：101-104.
［221］周延举. 政府干预下市场结构对产能过剩的影响研究［D］. 重庆：重庆大学，2018.
［222］包柳晴. 开放经济下中国产能过剩对环境污染的影响研究［D］. 南京：东南大学，2018.
［223］刘宇宇. 技术进步对我国地区工业产能过剩影响研究［D］. 兰州：西北师范大学，2018.
［224］郑梦莹. 出口对中国制造业产能过剩的影响研究［D］. 兰州：西北师范大学，2018.
［225］汪浩. 要素价格扭曲对中国工业产能过剩的影响研究［D］. 武汉：武汉大学，2018.
［226］刘磊，刘晓宁，张猛. 中国对"一带一路"国家直接投资与产能过剩治理——基于中国省际面板数据的实证研究［J］. 经济问题探索，2018（05）：167-177.
［227］管颖. 产能过剩背景下煤炭产业组织优化研究［D］. 北京：中国地质大学（北京），2018.
［228］吴哲萍. 政治关联、过度投资与产能过剩［D］. 杭州：浙江理工大学，2018.
［229］李静. 产能过剩困境下钢铁企业并购绩效研究［D］. 天津：天津财经大学，2018.
［230］王双正. 钢铁行业产能过剩预警机制研究［J］. 中国物价，2018（05）：48-51+75.
［231］赵敏. 地方政府干预对产能过剩影响的实证研究［D］. 南京：南京审计大学，2018.
［232］高晓光. 我国钢铁产业产能过剩测度和化解途径研究［D］. 重庆：重庆工商大学，2018.

[233] 姚广. 我国钢铁行业产能过剩的影响因素分析 [D]. 重庆：重庆工商大学，2018.

[234] 苏利平，王文雅. 化解我国钢铁业产能过剩研究的文献综述 [J]. 经济研究导刊，2018 (14)：38-39.

[235] 肖怡清，陈宪. 技术进步对过度投资和产能过剩的中介作用——基于不同企业性质和行业性质的视角 [J]. 上海大学学报 (社会科学版)，2018，35 (03)：65-77.

[236] 邱璞. 产业政策偏误、民营企业行为扭曲与制造业产能过剩研究 [D]. 济南：山东大学，2018.

[237] 赵旸. 基于供给侧改革的华菱钢铁产能过剩研究 [D]. 长沙：湖南大学，2018.

[238] 陈丹丽. 政府干预对中国工业产能过剩的影响及分析 [D]. 济南：山东大学，2018.

[239] 王勤. 财政干预视角下的投资冲动与产能过剩研究 [D]. 西安：西北大学，2018.

[240] [378] 张晨阳. 黑龙江省国有企业体制性产能过剩形成机理及化解路径研究 [D]. 哈尔滨：哈尔滨商业大学，2018.

[241] 杨新玥. 技术创新与产能过剩关系研究 [D]. 上海：华东政法大学，2018.

[242] 蔡艳. 土地要素价格扭曲对产能过剩影响的地区差异分析 [D]. 贵阳：贵州大学，2018.

[243] 温海笑. 装备制造业产能过剩的测度、成因及化解研究 [D]. 兰州：西北师范大学，2018.

[244] 徐齐利. 中国产能过剩形成机理的数理分析 [D]. 北京：首都经济贸易大学，2018.

[245] 童鑫. 财政竞争对产能过剩影响研究 [D]. 北京：中国财政科学研究院，2018.

[246] 田婷婷. 产能过剩背景下青松建化投资行为研究 [D]. 石河子：石河

子大学，2018.

[247] 李雪. CEO 权力、过度投资与产能过剩 [D]. 石家庄：河北大学，2018.

[248] 刘泽华. 产能过剩背景下山西省煤炭产业转型升级研究 [D]. 太原：山西财经大学，2018.

[249] 李沐阳. 中国装备制造业产能过剩测度及影响因素研究 [D]. 北京：北京工业大学，2018.

[250] 聂新伟，徐齐利. 财政分权、金融抑制与资源配置效率——兼论资源软约束下的产能过剩形成 [J]. 金融理论探索，2018 (03)：3-15.

[251] 王彦芳，陈淑梅. 全球价值链视角下中国钢铁产能过剩形成机制 [J]. 北京理工大学学报（社会科学版），2018，20 (04)：9-18.

[252] 吴俊熠. 产业集中度对钢铁行业产能过剩的影响研究 [D]. 昆明：云南财经大学，2018.

[253] 任敏媛. 可变资本要素价格扭曲对产能过剩的影响研究 [D]. 上海：上海师范大学，2018.

[254] 雷放存. 煤炭产能评价及产能过剩成因机理分析 [D]. 济南：山东工商学院，2018.

[255] 孙艳霞. 基于供给侧视角的煤炭产能过剩形成机理与政策调控研究 [D]. 济南：山东工商学院，2018.

[256] 邹晓峰，苏鹏程. 管理层能力与产能过剩行业并购绩效关系研究 [J]. 新疆财经，2018 (03)：39-47.

[257] 张国庆，杨驰. “一带一路”背景下中国钢铁、煤炭产能过剩问题的解决路径探析——以中亚五国为例 [J]. 河南财政税务高等专科学校学报，2018，32 (03)：23-28.

[258] 萧河. 国内石化行业投资过热、产能过剩值得警惕 [J]. 中国石化，2018 (06)：83.

[259] 江新峰，张敦力. 官员激励、产业政策执行与产能过剩——基于企业投资同群效应的分析 [J]. 现代财经（天津财经大学学报），2018，38

(07)：88-102.

[260] 刘黎伦. 可贸易性、退出壁垒与产能过剩 [D]. 广州：暨南大学，2018.

[261] 张泓铭. 产能过剩的马克思主义经济学解释——兼论解决之道的需求导向分析 [J]. 毛泽东邓小平理论研究，2018 (06)：49-55＋107-108.

[262] 彭文敏. 僵尸企业与产能过剩 [D]. 厦门：厦门大学，2018.

[263] 洪名勇，蔡艳，吴昭洋，杨晓璇. 历史因素、市场化改革与产能过剩——基于省际工业面板数据的实证分析 [J]. 制度经济学研究，2018 (02)：80-107.

[264] 吴斌. 全面取消 32. 5 强度水泥助力化解行业产能过剩 [J]. 中国水泥，2018 (07)：56-57.

[265] 杨晓璇，洪名勇，蔡艳. 产能过剩与市场化程度关联性研究——一个典型事实 [J]. 中国集体经济，2018 (21)：12-14.

[266] 王冬梅，孙阳阳. 供给侧改革下我国产能过剩的成因及治理研究——基于文献综述的视角 [J]. 经济研究导刊，2018 (19)：4-6.

[267] 中国社会科学院世界经济与政治研究所 张宇燕 苏庆义. 产能过剩需要国际社会集体应对 [N]. 经济日报，2018-07-06 (006).

[268] 刘建勇，王晶晶. 政治关联与民营企业产能过剩：信贷资源获取能力的中介作用 [J]. 经济经纬，2018，35 (04)：101-106.

[269] 夏飞龙. 产能利用率测算比较与产能过剩研究——基于 1996—2015 年我国制造业面板数据 [J]. 中国流通经济，2018，32 (07)：71-82.

[270] 马红旗，田园. 市场分割对我国钢铁企业产能过剩的影响 [J]. 经济评论，2018 (04)：59-71.

[271] 刘磊，步晓宁，张猛. 全球价值链地位提升与制造业产能过剩治理 [J]. 经济评论，2018 (04)：45-58.

[272] 张厚明. 我国新能源汽车市场产能过剩危机的成因与对策研究 [J]. 科学管理研究，2018，36 (03)：28-30＋35.

[273] 中国宏观经济研究院产业所研究员 付保宗. “中国产能过剩伤害论”不

符合事实［N］．经济日报，2018-07-18（003）．

［274］李勇刚，朱康凤．要素价格扭曲对我国钢铁行业产能过剩的影响研究［J］．天津商业大学学报，2018，38（04）：13-19．

［275］成琼文，余升然．电解铝行业产能过剩的促进力与抑制力——基于土地要素和环境规制视角［J］．中南大学学报（社会科学版），2018，24（04）：107-116．

［276］张宇燕，苏庆义．产能过剩需要国际社会集体应对［J］．金融经济，2018（15）：23-24．

［277］徐齐利．企业家才能与产能过剩［J］．北京社会科学，2018（09）：92-109．

［278］刘建勇，李晓芳．环境规制、技术创新与产能过剩［J］．南京审计大学学报，2018，15（05）：12-20．

［279］杨振兵，陈小涵．资本价格扭曲是产能过剩的加速器吗？——基于中介效应模型的经验考察［J］．经济评论，2018（05）：45-59．

［280］余淼杰，金洋．产能过剩的现状、前因后果与应对［J］．长安大学学报（社会科学版），2018，20（05）：48-60．

［281］冯伟，李嘉佳．中国产能过剩的政治经济学分析——基于财政分权和政府竞争的视角［J］．产业经济评论（山东大学），2018，17（03）：1-32．

［282］张超，王韬，陈伟强，刘刚，杜欢政．中国钢铁长期需求模拟及产能过剩态势评估［J］．中国人口？资源与环境，2018，28（10）：169-176．

［283］陈俊龙，牛月．市场不确定性、政府规制与产能过剩分析［J］．软科学，2018，32（10）：38-42．

［284］杨立勋．对产能过剩若干理论问题的再认识［J］．上海经济研究，2018（10）：19-25．

［285］李瑞杰，孟祥慧．溢出效应视角下中国产能过剩空间分布研究［J］．云南财经大学学报，2018，34（10）：27-36．

［286］袁梦．供给侧改革化解产能过剩的路径探析［J］．全国流通经济，2018（29）：75-76．

[287] 吴利学，刘诚．项目匹配与中国产能过剩［J］．经济研究，2018，53（10）：67-81．
[288] 陈俊龙．产品差异化、政府规制与产能过剩［J］．财贸研究，2018，29（09）：1-11．
[289] 朱顺龙．产能过剩背景下中国水泥工程总承包企业竞争战略研究［D］．北京：对外经济贸易大学，2018．
[290] 张超．对外直接投资对中国产能过剩治理影响研究［D］．大连：东北财经大学，2018．
[291] 张倩．技术进步及其适宜性对我国工业产能过剩的效应分析［D］．大连：东北财经大学，2018．
[292] 王海兵．产业政策化解产能过剩的国际经验与启示——以美国和日本钢铁产业为例［J］．现代日本经济，2018，37（06）：41-58．
[293] 淮阳婷，张倩肖．中国工业企业产能过剩影响的实证检验［J］．统计与决策，2018，34（21）：94-97．
[294] 徐齐利，范合君．产能过剩：概念界定、研究谱系与理论架构［J］．当代经济科学，2018，40（06）：49-59＋128．
[295] 王月升，刘曦，杜朝运．“一带一路”建设化解产能过剩的实证研究——以非金属矿物制品业为例［J］．亚太经济，2018（06）：15-21＋38．
[296] 盛真．过度投资作用下的产能过剩对产业绩效的影响分析［D］．济南：山东大学，2018．
[297] 孔晓．产能过剩的政治经济学分析［D］．沈阳：辽宁大学，2018．
[298] 欧阳铭珂，张亚斌．财政补贴、扭曲竞争与汽车产业产能过剩［J］．财政研究，2018（12）：84-96＋113．
[299] 仲云云．中国制造业产能过剩影响因素的实证研究——基于供给侧结构性改革视角［J］．现代经济探讨，2018（12）：70-77．
[300] 肖明月，郑亚莉．供给质量提升能否化解中国制造业的产能过剩？——基于结构优化与技术进步视角［J］．中国软科学，2018（12）：

126-139.

[301] 于斌斌，陈露．新型城镇化能化解产能过剩吗？[J]．数量经济技术经济研究，2019，36（01）：22-41.

[302] 李建军，刘元生，王冰洁．税收负担与企业产能过剩——基于世界银行调查数据的经验证据 [J]．财政研究，2019（01）：103-115+129.

[303] 李垚，夏杰长，林铁琼．地方政府行为、企业投资中介与产能过剩：以LED 行业为例 [J]．广东财经大学学报，2018，33（06）：58-69.

[304] 孙正，陈旭东，苏晓燕．地方竞争、产能过剩与财政可持续性 [J]．产业经济研究，2019（01）：75-86.

[305] 周超，苏冬蔚．产能过剩背景下跨国经营的实物期权价值 [J]．经济研究，2019，54（01）：20-35.

[306] 黄俊，陈信元，丁竹．产能过剩、信贷资源挤占及其经济后果的研究 [J]．会计研究，2019（02）：65-70.

[307] 吕品，刘炜亚，杨君．产能过剩治理、工业结构优化与技术创新——基于中国省级工业数据的实证分析 [J]．浙江理工大学学报（社会科学版），2019，42（02）：109-119.

[308] 皮建才，赵润之．中国式分权下的体制性产能过剩——产量补贴与产能补贴的比较 [J]．中南财经政法大学学报，2019（02）：3-12+158.

[309] 黄信灶，赵波．产能过剩倒逼我国产业结构升级了吗？[J]．经济社会体制比较，2019（02）：18-29.

[310] 宣烨．要素价格扭曲、制造业产能过剩与生产性服务业发展滞后 [J]．经济学动态，2019（03）：91-104.

[311] 梅新想，彭曦．市场需求、政府补贴与钢铁企业产能过剩 [J]．商业研究，2019（03）：44-52.

[312] 唐志军，庞景景．谁制造了我国的产能过剩？——基于经 SFA 修订的DEA 法的分所有制测度及原因分析 [J]．河北经贸大学学报，2019，40（03）：10-22.

[313] 蔡承彬．转型与规范条件下我国产能过剩的形成与治理 [J]．东南学

术，2019（03）：110-117.

[314] 白俊红，李汉. 地区间税收竞争对产能过剩的影响——基于空间相关的视角［J］. 江苏社会科学，2019（03）：58-66＋258.

[315] 王韧，马红旗，李志伟. 信贷扭曲、投资效率与产能过剩：微观数据实证［J］. 财贸研究，2019，30（05）：13-24.

[316] 刘鹏，何冬梅. 国有企业过度投资是否引致民营企业产能过剩［J］. 现代财经（天津财经大学学报），2019，39（06）：3-14.

[317] 施燕. 中国式税收竞争下的体制性产能过剩研究［D］. 南京：南京大学，2019.

[318] 徐业坤，马光源. 地方官员变更与企业产能过剩［J］. 经济研究，2019，54（05）：129-145.

[319] 刘玉斌，葛健，郭树龙. 上游产能过剩是否影响了下游企业绩效？——基于中国工业企业面板数据的实证考察［J］. 产业经济研究，2019（03）：63-76＋126.

[320] 刘鹏，何冬梅. 兼并重组能有效化解产能过剩吗——基于 PSM-DID 方法的实证检验［J］. 广东财经大学学报，2019，34（03）：4-13.

[321] 纪志宏 中国人民银行金融市场司司长 纪敏 中国人民银行金融研究所副所长. 如何治理中国式产能过剩［N］. 第一财经日报，2019-07-04（A11）.

[322] 张卫国，程臻宇等著. 化解产能过剩问题研究［M］. 济南：山东人民出版社，2016.

[323] 李平，江飞涛，王宏伟等. 中国的经济结构调整与化解过剩产能［M］. 北京：经济管理出版社，2016.

[324] 马忠玉. 中国与世界经济发展报告 2019［M］. 北京：中国市场出版社，2018.

[325] 冯伟. 中国产能过剩的政治经济学分析［M］. 北京：经济科学出版社，2019.

[326] 赵文报，李英. “走出去”化解钢铁行业产能过剩问题研究［J］. 河北

经贸大学学报，2018，39（02）：78-86.

[327] 黄飞鸿，胡敏．“一带一路”背景下中国水泥企业“走出去”的机遇与挑战——以中国建材集团为例［J］．产业与科技论坛，2019，18（07）：17-18.

[328] Dippel C，Ferrara A，Heblich S. Causal mediation analysis in instrumentalvariables regressions［J］. The Stata Journal，2020，20（3）：613-626.

[329] Kogut B，Chang S J. Technological capabilities and Japanese foreign direct investment in the United States［J］. The Review of Economics and Statistics，1991，73（3）：413.

[330] 蔡跃洲，付一夫．全要素生产率增长中的技术效应与结构效应——基于中国宏观和产业数据的测算及分解［J］．经济研究，2017，52（1）：72-88.

[331] 李后建，张剑．企业创新对产能过剩的影响机制研究［J］．产业经济研究，2017，（2）：114-126.

[332] 张礼卿，孙瑾．RCEP 投资便利化条款及其影响［J］．长安大学学报（社会科学版），2021，23（2）：24-29.

[333] 史柄鸿．RCEP 背景下双边经贸紧密度对我国 OFDI 的影响——基于面板数据的分析［J］．科技经济市场，2021（11）：32-35.

[334] 彭薛城．RCEP 贸易便利化对中国对外直接投资的影响研究［D］．哈尔滨：黑龙江大学，2022.

[335] 王巧，尹晓波．数字经济背景下中国对 RCEP 成员国直接投资的影响因素与潜力研究［J］．经济问题探索，2022（12）：181-190.

图书在版编目（CIP）数据

中国对外直接投资与化解过剩产能 / 曹秋菊著. --
湘潭 : 湘潭大学出版社, 2023.12
ISBN 978-7-5687-1264-4

Ⅰ. ①中… Ⅱ. ①曹… Ⅲ. ①对外投资－直接投资－
影响－生产过剩－产业转移－研究－中国 Ⅳ.
① F832.6 ② F269.24

中国国家版本馆 CIP 数据核字（2023）第 187344 号

中国对外直接投资与化解过剩产能

ZHONGGUO DUIWAI ZHIJIE TOUZI YU HUAJIE GUOSHENG CHANNENG

曹秋菊 著

责任编辑：夏 露 张 蔚 王亚兰
封面设计：夏茜旸
出版发行：湘潭大学出版社
社 址：湖南省湘潭大学工程训练大楼
电 话：0731-58298960 0731-58298966（传真）
邮 编：411105
网 址：http://press.xtu.edu.cn/
印 刷：长沙印通印刷有限公司
经 销：湖南省新华书店
开 本：710 mm×1000 mm 1/16
印 张：11.75
字 数：180 千字
版 次：2023 年 12 月第 1 版
印 次：2023 年 12 月第 1 次印刷
书 号：ISBN 978-7-5687-1264-4
定 价：68.00 元